# Our Inner Conflicts

A CONSTRUCTIVE THEORY OF NEUROSIS

# 我們內心的衝突

卡倫・荷妮 Karen Horney

潘華琴 譯

愛恨、憂鬱、絕望、瘋狂……，

解析內心矛盾、自我療癒的心靈自由解藥

方舟文化

# 導讀

閱讀可以共鳴，可以寄情，但如果它能帶來認知模式的更新，帶來突破常識的勇氣，那它就是一種自由，或者說，它是追求自由的起點。在這個資訊氾濫、知識更迭迅疾的時代，重新翻譯、閱讀卡倫．荷妮（Karen Horney, 1885-1952）的作品，就會帶來這樣的自由感。這倒不是說卡倫．荷妮為我們描繪了一個唾手可得的新型「烏托邦」，而是因為她的人格理論刺破了個體看似完整的外在表象，將禁錮「真實自我」的層層心理防禦加以剝離、拆卸，至此，個體的成長和發展才真正開始。正如埃里希·佛洛姆（Erich Fromm）在《逃避自由》（*Escape from Freedom*）中所言：自由，首先是一個心理學的問題。

# 1

卡倫·荷妮，醫學博士，德裔美籍心理學家和精神病學家，精神分析學派中新佛洛伊德主義代表人物。這些耀眼的頭銜一方面彰顯了卡倫·荷妮在專業領域的成就，另一方面也暗示，作為那個時代的女性，她能踏入醫學領域，並成為精神分析學派的繼承者和革新者，其人生本身就是一個不斷突破常規、自由探索、成長和發展的過程。和大部分女性一樣，她也經歷了女童、少女、為人妻、為人母的人生軌跡，在整個過程中，她也必定遭遇過個人意願和外在環境之間的激烈衝突，這些衝突也必定造成了她內心的激烈動盪。事實也是如此。她一方面作為精神分析學派的教授和臨床治療師，為學生傳道授業、為患者排憂解難；另一方面卻罹患憂鬱症，作為患者接受他人的治療。不過，憑藉對事業近乎信仰般的堅守，她反倒得以將教學和臨床經驗與自身的人生體驗相互融合，錘鍊出了獨具特色的人格理論和治療理念。相較於佛洛伊德（Sigmund Freud）冷靜、理性的科學主義立場，以及對人性的悲觀主義態度，卡倫．荷妮對人性的剖析雖然尖銳，卻充滿著悲憫的情懷和樂觀主義的勇氣，因為她認為，精神分析並非純粹的技術問題，或抽象的心理學理論，而是分析師和患者共同努力，抵達那個被層層心理防衛禁錮的「痛苦的靈魂」。她堅信，心理防衛一旦拆除，每個人都有著趨向人格完整的可能。

在日常語言中，「人格」一般等同於個體的道德品行，有崇高與卑劣之分，但在心理學領域，「人格」（personality）也稱「個性」（individuality），是一套相對穩定的心理特徵，具體體現為個體對現實的態度、趨向、選擇以及特定的行為方式。它與「自我」（self）密切相關，即它是個體將自身體驗作為自我，同時與他人區別開來的重要依據。因此，對「人格」問題的探究，在一定程度上依然是對「認識你自己」這一古老神諭的現代回應。探討「人格」的心理學方法眾多，但大體可歸為兩類，其中一類是對作為人格的心理特徵進行靜態描述、歸納並分類，比如：人格特質論提出的五大人格特質（Big Five personality traits）；還有一類就是將作為人格的心理特徵看作心理動力的運動結果，追溯其根由，勾勒其發展變化的脈絡，從而將人格構成描繪成自我發展和完善的心理圖景——精神分析流派的人格理論當屬此類方法的代表。

就理論淵源而言，卡倫·荷妮的人格理論無疑出自佛洛伊德的理論框架，即個體性格形成和人格構造的基本動因，是驅力（trieb）的運作和受阻，但對「驅力」的不同理解卻讓卡倫·荷妮成為傳統佛洛伊德理論的違抗者，轉而接近阿爾弗雷德・阿德勒（Alfred Adler）的個體心理學和埃里希・佛洛姆的社會心理學。「驅力」又稱「內驅力」，是個體在需要的基礎上產生的內部緊張狀態，表現為推動個體行動以滿足需要的內部動力。佛洛伊德把「驅力」的實質解釋為人的自我保存本能（self-preservation instinct）和性本能（sexual instinct），它們相當於生命力的最本真狀態，尋求即時的滿足，但卻遭到個體所處外部環境的遏制，不得不採用「昇華」或「壓抑」的方式，尋求本能的變相實現，從而構成不同的性心理結構。在一定程度上，佛洛伊德的人格理論等同於他提出的性心理結構，具有鮮明的生物學特徵。在佛洛伊德看來，那個我們習慣自稱為「我」的個體，並不等同於確定的理性自我。他認為，個體的人格結構由三個部分構成：本我（id）、自我（ego）和超我（super-ego），其中「本我」就是個體內部的本原性力量，是促動個體發展和行動的驅力，而「自我」和「超我」則是根據外部世界的現實原則，對「本我」這一驅力加以調適和修正的產物，這種調適和修正對「本我」而言，無疑是一種抑制，所以，本我、自我和超我之間不可避免地存在著矛盾和衝突。因此，每個個體的人格結構並不是穩定的靜態模式，而是本我、自我和超我這三種力量相互運作的動態平衡。一旦這種平衡被打破，人的外在行為就會失常，表現為臨床意義上的「歇斯底里」（hysteria，又稱「癔症」），即精神官能症。但佛洛伊德認為，個體成長到青少年時期，隨著性心理結構相對穩定，個體的人格結構也趨於穩定——儘管人格結構三個構成要素之間的相互衝突永遠不會消除。

卡倫·荷妮的人格理論也源自人的驅力，但她對驅力的實質解釋卻迥異於佛洛伊德。她認為，個體行為一般都源於尋求滿足和安全這兩種驅力。「滿足」驅力是一種「趨近」力，可發展為主動贏取的動機和態度；「安全」驅力是一種「迴避」力，其主要功能是減輕焦慮。人格構成的決定性力量不是性本能驅力，而是滿足和安全驅力的運作結果。從個體遭遇外部世界伊始，「滿足」驅力就會遭到遏制，從而形成人之在世的「基本焦慮」：孩子面對的世界充滿潛在的威脅，從而讓孩子感到恐懼、無助和孤立。對卡倫．荷妮來說，這些潛在的威脅不是形而上的理論假設，而是日常生活中的客觀事實，它們包括成人的控制、冷漠，成人的古怪行為，成人對孩子個人需要的漠視，成人對孩子的貶低、過度保護，父母失和時孩子必須選擇支持哪一方，以及充滿敵意的氛圍等。在卡倫．荷妮的論述中，「父母」是孩子遭遇的外部世界的原型，代表孩子人格構成的最初情境。受「安全」驅力的驅使，孩子為了減輕「基本焦慮」，不得不在對世界（父母）充滿敵意的情況下依賴世界（父母），因為依賴，他就必須壓抑對世界的敵意，於是無意識的「依賴—敵意」衝突形成了，衝突導致新的焦慮，為了消除焦慮、獲得安全感，個體便會發展出一級防衛機制，卡倫．荷妮稱其為「精神官能症傾向」。由此可見，個體的人格構造從一開始就是為克服「基本焦慮」而採用的心理防衛機制（defense mechanism）組合。

卡倫．荷妮將作為一級防衛機制的「精神官能症傾向」分成三種類型，分別代表個體在所處環境中為了減輕焦慮、獲得安全感而採用的對待他人的基本態度，它們將逐步發展成三種性格傾向：迎合他人、對抗他人和遠離他人。迎合他人的性格類型承認自己的無助，以順從的姿態贏取他人的愛，並依賴他人。對抗他人的性格類型接受環境的敵意，並或自覺或不自覺地決定反抗，對他人給予的關愛充滿懷疑，並隨時準備戰勝他人。遠離他人的性格類型既不想從他人那裡尋找歸屬感，也不想反抗他人，他只想與他人保持距離，並努力建立一個屬於自己的世界。從根本上來說，這三種基本態度是相互衝突的，但它們是人格構成的三個基本要素，同時共存於每個個體身上。對正常人來說，這三種傾向可以根據具體情境靈活調節，他們既可以愛，也敢於恨和反抗，也能夠享受獨處。但對精神官能症患者來說，一種傾向會壓倒其他兩種傾向，成為主導性格傾向，如此，這種傾向就成為一種不可遏制的強制性驅力，成為精神官能症患者人格結構的顯著特徵，同時也導致其行為模式的死板僵化。而被壓抑的傾向會成為與主導傾向相反的驅力，隨時都有可能與它發生衝突，從而導致因人格結構失衡而產生的行為失常。卡倫・荷妮稱這三種精神官能症傾向之間的衝突為「基本焦慮」（basic anxiety），認為它才是導致精神官能症的核心力量。以占主導性地位的精神官能症傾向為依據，卡倫・荷妮將精神官能症人格結構分成三種類型：服從型人格（compliant character）、攻擊型人格（aggressive character）和迴避型人格（detached character）。為減輕「基本焦慮」而形成的一級防衛機制（性格傾向）反倒帶來了新的衝突，新的衝突又導致新的焦慮，新的焦慮需要新的防衛機制，因此，對精神官能症患者而言，他的人格構成又必須疊加上二級防衛機制：**理想化形象**、**外化**、**合理化**、**隔間化和疏離等**。

和佛洛伊德一樣，卡倫・荷妮也認為，個體的人格構成源於驅力的運作，且與個體成長密切相關，但她的人格理論至少在三個方面突破了佛洛伊德理論框架的限制。首先，在她看來，不是性本能，而是尋求滿足和安全的驅力，才是人格構成的決定性力量。其次，她不認為嬰幼兒至青春期的性功能發育和性心理發展期是人格構成的決定性階段。她更強調個體所處的具體外部環境——比如童年時期的家庭環境、青少年時期的同齡人群體，以及個體所處的整個社會文化環境——與驅力之間的相互作用對人格構成的影響。她認為，行為正常的個體總能結合他所處的環境，不斷調整他對待他人和自身的態度，而精神官能症患者在分析師的幫助下，也應該能發展出這種能力，因此，個體的人格成長是終身的。其次，就精神官能症的病因而言，與其說是某種先天的強制性驅力（比如佛洛伊德的性本能驅力），不如說是在個體的人格構成中，由於外部環境的因素，三種精神官能症傾向中的某一種發展成了強制性驅力，從而導致精神官能症。因而，她對精神官能症治療的態度相較於佛洛伊德就更為積極和樂觀。正因為突破了佛洛伊德的性本能說，卡倫．荷妮的人格理論以及她對「焦慮」的心理防衛機制的剖析、闡釋和治療，被譽為「動機心理學、行為心理學、發展心理學、精神分析以及心理治療理論和實踐中最新觀點的萌芽」[1]。

1 譯註：參見溫蒂．B．史密斯《卡倫．荷妮與二十一世紀心理學》，社會工作門診期刊，二〇〇七年。

## 2

早在約一個世紀以前，分析心理學創始人榮格（Carl Gustav Jung）就強調心理學的科學性，但他同時又從人類文化學和文化哲學的角度，孜孜於描繪人的心理世界與自然、社會、宗教信仰，乃至個體自我之間的隱密關聯。他認為，我們唯一能把握的事實是「心理事實」，我們建構的世界概念，是我們所稱的「世界」的圖像，我們正是透過與這個圖像相一致來引導自己適應現實，從而知道世界是什麼、自己又是誰。在榮格看來，心理學不僅僅是科學，它還是有關世界和自我的哲學式探索。一個世紀之後，實驗科學的發展帶來了心理學學科的突飛猛進。人的大腦結構、神經系統原本被稱為操縱人類行為的黑匣子，現在逐漸變得清晰透明起來，人類的心理現象和外部行為也得到更為科學化的解釋，但即便這些知識成為大眾常識，它們似乎也不能保護人們在面對世界時免受各種情緒的困擾，或者防止人們在情緒的隱密控制之下，做出自己都毫無察覺的行為。比如，即使知道個體同理心的強弱取決於鏡像神經元功能的強弱，但冷酷無情仍然不是人們可以接受的性格品質；即使知道愛情的魔力是由於大腦皮層之下某個區域被多巴胺所浸潤，但愛的激情，仍然是人們甘之如飴或飛蛾撲火般的情感體驗。可見，有關「心理事實」，人們不僅需要科學的答案，還需要從意義和價值層面所做的闡釋。因此，心理學的真正價值，不僅僅在於它是經得起實驗證偽的科學，或者能被轉化為有效的臨床治療手段，還應該包括它對人類行為、思想觀念和社會文化的剖析、批判和啟示的理論功能。

卡倫·荷妮的人格理論雖然基於精神官能症的臨床治療，但她對精神官能症患者心理防衛的層層剖析，不僅為自我洞察提供了參考，也揭示了諸多日常行為，比如愛的行為和強烈的事業追求背後的隱密動機。另外，她的治療理念中包含著對個體人格成長的美好願景：內心的整合（wholeheartedness），即不偽裝，感情真摯，能夠全心地投入到自己的感情、工作和信仰中。這是一種不欺人更不自欺的真誠，是人格成長的完善狀態。事實上，卡倫·荷妮對人格成長的構想涉及了人之存在的兩個維度：人與世界的連結、人與自身的關係。前者關乎個體世界觀的形成和人際關係態度，後者關乎個體的自我認同和自我概念。

人與世界的連結方式和連結能力，一向被看作是人格健全的指標之一。個體心理學家阿德勒認為，個體的外在行為是由他的「生活態度」決定的，而個體的合作能力，是衡量其能否建立起健全「生活態度」的重要指標。他認為，精神官能症人格作為一種類型，對應的不是「合作者」，而是「孤立主義者」。卡倫·荷妮也認為，一個遭受情緒障礙的人是「社會的敵人」，因為無論他的外觀或表現出來的氣質如何，他對周圍世界所持的態度是否定性的。但，把人格完善等同於社會適應能力是片面的。個體人格的完善需要以健全的社會為前提。佛洛姆在《健全的社會》（*The Sane Society*）中指出，精神健康不是指個體為了適應其所在社會的需要而做出的調整，相反地，社會要對人的需求做出調整。他認為，一個健全的社會能夠提高人愛他人的能力，但一個不健全的社會只能製造人際間的相互猜疑、敵意和相互利用。

那麼，對人格構成而言，個體與世界的連結究竟存在著怎麼樣的決定性作用呢？

應該說，人與世界的連結是以人與世界的脫離為前提的，而重建與世界的連結是個體成長的起點。在佛洛姆看來，人與世界的脫離是人類進化的必經階段，它是人類超越自身動物性本能的控制、超越對自然界的強制性適應，為發展人類理性和自我意識的關鍵步驟。從個體心理發展而言，人與世界的脫離則意味著個體的誕生，即與母體的分離。無論從哪個層面來講，人與世界的脫離，都是個體從混沌的生物性的整一狀態中滑脫，被迫處於孤立的狀態，它既意味著個體自主發展的機會，同時也表明，個體在面對異於自身的外部世界時必將感到孤獨、恐懼和不安。因此，消除恐懼和不安、滿足生存的需要，就成為重建與外部世界之連結的心理動力。

問題在於如何建立這種與外部世界的連結。佛洛姆從社會心理學的立場指出，最有效的連結方式，是愛和創造性勞動。但卡倫．荷妮的「基本焦慮」則表明，「愛」的連結在個體心理發展的關鍵階段總像是一種奢望，個體被迫以防禦的方式，發展出替代性的對待他人和世界的態度，這是他人格成長的起點，也是他世界觀的萌芽。「環境的敵意」從一開始就為人格構成的內在衝突埋下了伏筆。在個體的成長過程中，這種內在衝突會因個體遭遇的具體處境或潛在的社會影響力而加劇，從而最終導致人格障礙。在缺愛的世界中成長的個體，最終也會喪失愛人、愛世界的能力。

精神官能症患者採用的替代性連結方式，雖被卡倫．荷妮稱為病態的，但她也暗示，社會文化在一定程度上包容、接受甚至鼓勵這些方式。比如偽裝的「愛」。在佛洛姆看來，自發性的愛應該「植根於全部人格的完整與力量之中」，與他人之間的愛的連結應該是「兩個人在各自獨立與完整基礎上的結合」。但在精神官能症人格中，愛只是一種偽裝，個體借著愛的名義實現隱密的動機。比如，對服從型人格而言，他自覺太過軟弱、空虛而無法獨立生活，愛可能包含一種寄生的願望；對攻擊型人格而言，愛可能包含利用他人並透過他人獲取成功、聲望和力量的欲望；在施虐—受虐的關係中，愛也可能是一種征服並戰勝某人的需求，或者是與同伴合而為一、經由對方來生活的意圖；對沉溺於理想化自我的個體而言，愛還可能意味著希望被人崇拜，並以此維護自己對理想化形象的確信。卡倫・荷妮坦言：「正是由於在我們的文化中，愛幾乎不再是一種真實的情感，所以虐待和背叛才無處不在。我們才會得到這樣的印象——愛變成了輕視、仇恨或冷漠。但事實是，愛不會如此輕易地發生巨變，最終顯露出來的不是愛，而是激發虛假之愛的情感和追求。無須贅言，這種愛的偽裝對親子關係、友誼以及兩性關係都造成了極大的影響。」

再比如勤勉。佛洛姆把創造性勞動看作個體與世界連結的一種有效手段。他認為，只有在創造性行為中，個體才擺脫了生存的被動性和偶然性，進入一個有目的的自由王國。但他也清晰地看到，現代文明的市場化和契約制異化了這種連結方式，個體不再是其自身的目的，而成為他人或自己謀取經濟利益的工具，或者成為非人的經濟機器的零組件。在異化的勞動中，個體的勤勉看似一種優良品質，實質卻是整個經濟流水線永不停歇的迴圈運作對個體的無形控制。在剖析攻擊型人格特徵的時候，卡倫·荷妮明確指出，原本作為心理防衛的「勤勉」在現代競爭型文化中得到了充分的合理化，從而進一步激發並鼓勵了攻擊型人格的世界觀和行為方式。攻擊型人格與世界的連結方式，則基於他對世界的對抗態度。在他看來，世界是達爾文意義上的競技場，適者生存、強者淘汰弱者，他的首要需求就是成為主宰者之一。在這個強制性驅力下，他堅信自己是最強大、最精明或最炙手可熱的，他必須發展出與之相稱的效率和謀略，因此他在工作中傾注了大量的熱情和智慧。但對他來說，工作只是達到目的的手段。對他從事的工作，他既不熱愛，也無法從中得到愉悅，為了能像機器一樣平滑地、不知疲倦地運轉，他甚至將一切感情因素排除在工作之外。他渴望產出更多的產品，因為它們能給他帶來更多的權力和聲望。在如此「勤勉」的勞作中，個體看似與世界建立起積極的連結，但其方式仍然是向內的，因為它的宗旨不是尋求與世界的融合，而是以征服世界的方式，克服對世界的恐懼和敵意。他對名望的強烈渴望和對情感的遮罩，為他的「勤勉」蒙上了一層無情和功利的色彩。

## 3

從社會心理學的角度來講，人與自身的關係起始於並取決於人與世界的連結方式。針對佛洛伊德的性本能說，佛洛姆在《逃避自由》中曾說：「心理學的關鍵問題是個人與世界的那種特殊連結關係，而非每個人或此或彼的本能需求之滿足或受挫。」事實上，個體與外部世界脫離，然後再度連結，其根本目的是擺脫被動的生物性存在狀態，進入主動的自我發展的過程。在這個過程中，個體會建立起對自我的認識，並在此基礎上確立自身存在的意義。佛洛姆認為，個體的整個一生，實際上就是造就自我的歷程。和佛洛姆一樣，卡倫·荷妮也認為，個體的人格成長是終身的。即使是精神官能症患者，在分析師的幫助之下，如果他有足夠的毅力，他也能夠發生改變，甚至發生根本性的改變。

但不幸的是，人與世界的連結方式一旦被異化，人與自身的疏離就在所難免。卡倫·荷妮在論述精神官能症的「基本衝突」時指出，人格構成的內部衝突不僅會影響人際關係，而且會像惡性腫瘤蔓延至整個器官組織那樣，逐步滲透進整個人格，損害個體與自身及其生活的整個關係。在卡倫·荷妮描繪的人格構成心理動態圖中，個體因「基本焦慮」而形成一級防衛機制，再由一級防衛機制導致的「基本衝突」而形成二級防衛機制，這種人格構成的過程是一個逐步脫離「真實自我」的過程，個體為抵禦衝突而發展出來的層層防衛機制，就像盔甲一般將「真實自我」隔絕在心靈的最深處。在荷妮看來，「真實自我」才是個體自發性的生命力，是自我價值、健康的良知和勃勃生機的源頭，它作為個體趨向人格完善的「可能的自我」，等待著發展和實現。

「真實自我」的實現依賴良好的環境。卡倫・荷妮提供的案例只說明，在現實生活中，人們努力樹立的自我形象可能只是心理防衛的種種策略。為了克服「基本焦慮」，個體與父母之間形成了一種無意識的「依賴—敵意」關係，這表明，從個體人格構成伊始，個體已經偏離了情感的自發性，而這種偏離，隨著心理防衛的加固可能會越演越烈，最終導致個體遺忘了那個「真實自我」，轉而發展出新的替代性自我，荷妮稱之為「理想化自我」。當真實自我無力應對不良環境，導致無助、恐懼和焦慮時，個體便會虛構出理想化自我，用以滿足對安全感的內在需求。心理能量從真實自我的發展轉移到理想化自我的實現之上，真實自我的發展就被抑制了，但理想化自我的實現也不可能，因為它是虛構之物，脫離個體的真實氣質、能力、情感和需求。理想化自我消除了個體真實的自信和自豪，建立起盲目的「我是全能的」這種信念，從而表現出一種病態的自戀和自負。但同時，個體又意識到現實中的自己遠遠達不到理想化自我的標準，因而產生出自我憎恨和貶低的態度，表現出病態的自卑。個體便在自負與自卑、理想化形象和被貶損的現實自我之間搖擺不定，失去了可依靠的、穩定的自我認同。

人與自身的疏離，還可以表現為人格的碎片化，即個體根據環境的需要展示不同的自我形象，這些形象所呈現的人格特徵相互矛盾，毫無關聯，從而導致個體的外在言行自相矛盾，但個體對此卻毫無察覺。卡倫・荷妮認為，這個現象首先是由「隔間化」的心理防衛造成。個體嚴密地將內心分割成不同的區域，用於應對不同類型的外部環境：朋友或敵人，家庭成員或外人，工作或私生活。每個區域相互獨立，各自封閉，從而避免了不同區域之間的矛盾衝突，個體就像生活在隔間中，不同隔間裡發生的事情不會相互干擾。這種防衛帶來的後果是，個體徹底喪失了對自身整體性的感知。碎片化人格形成的另一個重要原因，便是個體對自身情感體驗的極度麻木。無論是服從型人格的「愛」，攻擊型人格的理想和勤勉，還是迴避型人格的遺世獨立，它們作為心理防衛，都意味著對自發性的真實情感的壓抑。卡倫・荷妮提供的案例雖然是臨床性的，但她並不否認這種現象具有社會普遍性。她認為在現代社會中，個體已經淪為精密的社會體系中的一個齒輪，人對自我價值的感知日趨減弱，人與自身的疏離幾乎成了普遍現象。

她慨歎：「在我們身邊，內心一致且完整的人已經很少了，我們幾乎找不到一個這樣的榜樣，用以映照我們自身的碎片化形象。」卡倫・荷妮之後的半個多世紀，社會的發展是否有利於提升個體的自我整體感和價值感，這點很難定論，但有一點是肯定的，數位化時代為碎片化人格提供了更多的「隔間」，隱身於螢幕背後的碎片化人格，反倒被當作個體性格的多樣性而被社會所接納。

# 結語

財務自由、行動自由、言論自由，我們的時代崇尚自由，追求自由。在《逃避自由》中，佛洛姆認為，現代人追求自由的行為具有片面性，因為人們只關注對外在權威、外在束縛的反抗，對「內在的束縛、強迫和恐懼卻置若罔聞」。在他看來，積極的自由是人的自我成長，這是其他自由得以實現的基礎。

從卡倫·荷妮的人格理論來看，人的自我成長就是誠實地看向自己的內心，努力感知「真實自我」的力量，應答它的需求，將「真實自我」從層層防衛的禁錮中解放出來，耐心地令它從「可能的自我」發展成真正的自我，從而實現個體內心的整合。

這個過程既不是對外部世界的一味順從，也不是從外部世界逃離，而是努力進入世界，修補人與世界之間扭曲甚至斷裂的紐帶，實現個體與世界的共同成長。在此意義上，每個人的生活，就像赫曼·赫塞（Hermann Hesse）在《德米安》（*Demian*）中所言，都是一條通向自身的道路，都是對一條道路的嘗試，對一條途徑的暗示。

潘華琴

導讀 02
前言 28
序 31

第一部分　精神官能症衝突和消除衝突的嘗試

第一章　尖銳的精神官能症衝突 44
有意識地去體驗衝突是非常寶貴的優點，儘管這樣做可能會令人痛苦

第二章　基本衝突 58
衝突緣起於我們與他人的關係，並隨後影響到整個人格

第三章　迎合他人 77
服從型患者感到自己如嬰兒一般被陌生而危險的動物包圍著

第四章　對抗他人 98
攻擊型人格的世界是競技場，適者生存，強者淘汰弱者

第五章　迴避他人 113
與他人保持情感距離，是迴避型患者至關重要的內心需求

第六章　理想化形象 145
真正的理想讓人謙遜，理想化形象則使人自負

第七章　外化……170
外化是主動抹除自我的心理過程
第八章　維持虛假和諧的輔助方式……192
每種精神官能症都會發展出特定的防禦組合

**第二部分　衝突未解決的後果**

第九章　恐懼……210
如果希望最終能找到自身完整性，就必須讓自己置身於這些恐懼之中
第十章　人格退化……227
獲得真正的內心自由必備條件是，勇於承擔責任和對自己負責
第十一章　絕望……263
精神官能症中的強迫性傾向不是本能，而是不健康的人際關係導致的
第十二章　施虐傾向……279
當一個人對自己的生活感到徹底絕望，將可能發展出顯著的施虐傾向

**結論　精神官能症衝突的解決**……315

# 前言

謹以此書向精神分析的發展致敬。

這本書是我個人經驗的產物，是我對患者及我自己所進行的分析工作的結晶。儘管此書提出的觀點歷經多年的醞釀和發展，但直到我得到美國精神分析協會的贊助，開始準備系列講座之時，它才得以真正成型。第一個系列講座以《精神分析技巧上的問題》（*Problems of Psychoanalytic Technique*）為標題，內容主要圍繞分析的技術方面（一九四三）。第二個系列講座以《人格整合》（*Integration of Personality*）為標題，於一九四四年完成，涉及的問題也正是本書探討的問題，其中三個主題——「精神分析治療中的人格整合」、「迴避心理學」、「施虐傾向的意義」——已分別在醫學院和精神分析發展協會上以講座的形式發表過。

我衷心希望，對那些致力於推進精神分析理論和臨床治療的精神分析學家來說，這本書能有所助益。我也衷心期望，他們不僅將本書的思想應用到患者身上，而且還用於自身。精神分析學只有透過困難的方式——將我們自身及我們的困難都包括進來——才能取得進步。如果我們自己安於現狀，拒絕改變，我們的理論必定會變成貧瘠的教條。

然而，我堅信，任何一本書，只要它突破了純粹的技術問題或抽象的心理學理論的藩籬，都會給那些渴望瞭解自己、從未放棄自我成長的人帶來幫助。我們生活在障礙重重的文化中，大部分人都被本書所描述的衝突困擾著，任何我們能夠得到的幫助都顯得彌足珍貴。儘管嚴重的精神官能症必須由專家治療，但我還是認為，透過不懈的努力，我們可以在很大程度上讓自己從內心的衝突中解脫。

我要向我的患者致以最深切的謝意。與他們的合作讓我更深入地理解何為精神官能症。我同樣要向我的同事們表示感謝。他們的興趣、善解人意激勵著我的工作。我所說的同事不僅包括那些年長者，還包括那些在我們的研究所實習的年輕人，他們一絲不苟的討論總是極具挑戰、卓有成效。

我要感謝的另外三位並非精神分析領域的同仁，他們以自己的方式支援並促進了我的工作。在一個唯佛洛伊德式精神分析為精神分析理論和實踐之正統的時代，阿爾文・詹森（Alvin Johnson）博士邀請我在社會研究新學院發表自己的觀點。社會研究新學院哲學和人文科學系主任克拉拉・梅耶（Clara Mayer）出於持久的個人興趣，年復一年地鼓勵我將分析工作中的新發現提出來用於討論。第三位是我的出版人**W**・**W**・諾頓先生，他的建議令我的書增色不少。最後，我還要感謝米奈特・庫恩（Minette Kuhn），他在整理資料和梳理思路方面為我提供了極大的幫助。

**卡倫・荷妮**

# 序

不管探索的出發點是什麼，探索的過程多麼曲折，我們最終都必須將心理疾病的源頭追溯至一種人格障礙。同樣的道理適用於幾乎所有的心理探索。那是一種真正的再發現！歷代詩人和哲學家早已懂得，性情寧靜平和之人從來不會陷入心理障礙，相反地，飽受內心衝突的人容易遭此厄運。借用現代術語便是：每一種精神官能症，不管其症狀如何，都是性格精神官能症。因此，無論是在理論研究還是臨床治療方面，我們都必須力求更嚴謹地探索精神官能症的性格結構。

事實上，佛洛伊德偉大的開創性工作就是向這一思想的逐步聚攏，儘管他採用的發生學方法未能使他對這一思想做出明確的表述。但佛洛伊德工作的後繼者們——特別是弗朗茲・亞歷山大（Franz Alexander）、奧托・蘭克（Otto Rosenfeld）、威廉・賴希（Wilhelm Reich）和哈拉爾德・舒爾茨—亨克（Harald Schultz-Hencke），已經對這個觀點做了更清晰的界定。但關於性格結構的確切性質和動力學，他們當中尚未有人做出定論。

我個人的研究起點不同於佛洛伊德。佛洛伊德就女性心理學所做的假設對我啟發甚大，它促使我思考文化因素的作用。在有關何為男性特質、何為女性特質的觀念中，文化因素的影響力是顯而易見的。對我而言同樣明顯的是，佛洛伊德正是因為沒有考慮這些文化因素才得出了錯誤的結論。我對這一課題的興趣持續了整整十五年。在一定程度上，與埃里希・佛洛姆的交往進一步強化了我的興趣。他在社會學和心理學領域的淵博學識令我更加意識到，文化因素的重要性，絕不局限於它在女性心理學領域的運用。當我於一九三二年來到美國時，我的這些設想得到了證實。我發現在美國，患者的態度和精神官能症，在很多方面與我在歐洲國家所觀察到的不一樣，而唯一能解釋這種區別的就是文化差異。在《我們時代的病態人格》（*The Neurotic Personality of Our Time*）一書中，我最終闡明了這一思想。而在這本書裡，我要表達的主要觀點是，精神官能症的誘因是文化因素，更確切地說，精神官能症因人際關係障礙而產生。

在我寫作《我們時代的病態人格》之前的幾年間，我的研究思路與一個更早的假設有著內在的邏輯關聯，這一假設圍繞的核心問題是，精神官能症的內部驅力是什麼？第一個回答這個問題的人是佛洛伊德。他的答案是強迫性驅力。在他看來，這些驅力就其本質而言是一種本能，它們尋求滿足，不甘受挫。但遺憾的是，他最終把這些驅力從精神官能症本身推廣到整個人類，認為驅力在每個人身上運作著。假如精神官能症是人際關係障礙的產物，佛洛伊德的這個假設就不太可能有效。就這個問題，我的觀點可以簡述如下：強迫性驅力確切而言就是精神官能症；它們誕生於孤立、失望、恐懼和敵意這樣的情緒之中，並表徵著人們在這些情緒的控制下應對世界的方式；它們的目的主要不是尋求滿足，而是尋求安全；它們的強迫性特徵必須歸因於隱藏其背後的焦慮。強迫性驅力的兩種最為鮮明的外顯形式，就是對愛和對權力的病態需求，《我們時代的病態人格》一書對它們做了詳細描述。

儘管保留了我所認為的佛洛伊德理論的基本原理，我當時還是意識到，為了更為深入地瞭解精神官能症，我的研究已經使我背離了佛洛伊德。如果被佛洛伊德視為本能的那些因素是由文化決定的，如果被佛洛伊德稱為「原欲」（libito）的那些欲望是一種對愛的病態需求，它源自焦慮，其目的是尋求與他人共處時的安全感，那麼原欲理論就站不住腳了。童年經歷固然重要，但它們對我們生活的影響會以新的方式顯露出來。其他與之理論的差異也會不可避免地隨之而來。因此，重新思考我與佛洛伊德的關聯，對我而言就是必需的了。

與此同時，我繼續進行著精神官能症驅力的研究。我把強迫性驅力稱為精神官能症傾向，並在隨後的一本書中描述了十種精神官能症傾向。至那時，我已經確定，精神官能症的性格結構是至關重要的。在那本書裡，我把精神官能症的性格結構看作一個宏觀世界，它由許多相互作用的微觀世界構成，每個微觀世界的核心就是一種精神官能症傾向。這種精神官能症理論具有實踐意義上的應用價值。如果精神分析方法不再局限於將我們當下的障礙與我們的過往相聯繫，而是轉向分析我們現有人格內部力量間的相互作用，那麼就算較少依賴甚至不依賴專家的幫助，我們也可以認知並改變我們自己。心理治療的需求廣泛，但可提供的幫助又極為稀少，面對這一現狀，自我分析似乎可以滿足大量需求。因此，我那本《自我分析》（*Self-Analysis*）的大部分內容都在討論自我分析的方法、局限和可能性。

但就我對具體精神官能症傾向所做的表述而言，我並不完全滿意。雖然每種精神官能症傾向都得到了精確的描述，但我還是覺得這種列舉方式使它們相互分離，喪失了內在聯繫。我當時已發現，對愛的病態需求、強迫性謙卑和對「同伴」的渴望應該歸為一類。但我未能發現，它們三者共同構成並代表了一種對待他人和自我的基本態度與獨特的生活哲學。這三種傾向構成了我現在提煉出的「服從」型性格結構的核心。我也發現，對權力和聲望的強迫性渴求和病態的野心有著相同之處，它們大體上是我現在所提出的「攻擊」型性格結構的構成因素。但渴望被人崇拜和追求完美主義，儘管有著精神官能症傾向的所有特徵，並影響到精神官能症患者與他人的關係，卻似乎主要涉及與自我的關係。同樣，與情感需求和權力追求相比，剝削他人的欲望似乎並非根本性的，也不那麼普遍，它似乎本該屬於一個更大的整體，而不應該單獨列為一種傾向。

事實證明我的疑慮是有道理的。在接下來的幾年中，我的研究興趣轉移到了精神官能症的內在衝突上。在《我們時代的病態人格》一書中，我已提出精神官能症產生於不同精神官能症傾向的相互抵觸。在《自我分析》一書中，我也提出精神官能症傾向不僅相互強化，而且還滋生衝突。但不管如何，衝突仍然屬於次要問題。佛洛伊德當年也越來越意識到內部衝突的重要性，但他把內部衝突看作是壓抑和被壓抑之間的一場鬥爭。我著手討論的衝突屬於另一種類型。它們發生在相互對立的精神官能症傾向之間。儘管從本源上來講，這些衝突與對待他人的矛盾態度有關，但它們遲早會與對待自我的矛盾態度、矛盾的性格、矛盾的價值觀有關。

臨床觀察越多，我就越清晰地看出這些衝突的重要性。但我最為震驚的是，患者對自身顯而易見的矛盾茫然無知。當我向患者挑明這些矛盾時，他們開始迴避，似乎對其毫無興趣。這種經歷重複多次之後，我意識到，這種逃避表明患者對處理這些矛盾深感厭惡。對衝突的突發性認識會讓患者充滿恐慌，這終於讓我明白，我所研究的對象就像一個極度危險的易爆品，患者完全有理由迴避它們：他們懼怕這些衝突的威力會將他們炸得粉碎。

因而我開始意識到，為了「消除」[1]這些衝突，或確切地說，為了否認這些衝突的存在，從而營造了一種虛假的和諧，多少精力和智慧被耗費在這種令人絕望的努力之上啊。我按書中的順序依次討論四種主要的消除方式。

1 原註：在整本書中，我用「消除」（solve）一詞來指稱精神官能症患者為了去除衝突而進行的種種嘗試。因為在精神官能症患者的潛意識中否認衝突的存在，所以在嚴格意義上來講，他沒有「解決」（resolve）這些衝突。他們無意識的努力都是為了「消除」問題。

第一種方式是**掩蓋衝突**，並將其對立面抬升至優先地位。

第二種方式是**迴避他人**，它為病態疏離（detachment）的功能提供了新的闡釋角度。疏離是基本焦慮的一部分——即初始性的對待他人的矛盾態度之一；但它同時又是一種消除衝突的方式，透過在自身和他人之間保持一種情感距離，使得衝突不起作用。

第三種方式與前兩種大相逕庭。精神官能症患者不是迴避他人，而是**自我逃避**。他的整個真實自我對他而言都是虛假的。他構建出的理想化自我形象取代了他的真實自我。在這個理想自我中，原本相互衝突的部分被改頭換面，它們不再顯現為衝突，而是表現為豐富性格的不同面向。這一觀點有助於澄清許多精神官能症難題，它們至今尚未得到解釋，因而臨床上也無從處理。這一觀點也將原先無法歸類的兩種精神官能症傾向——渴望被人崇拜和完美主義——納入了相應的模式。對完美的追求表現為努力符合其理想化形象；對崇拜的渴望則可理解為患者需要從自身之外獲得一種確認，即他就是自己的理想化形象。這種理想化形象脫離現實越遠，對崇拜的渴望從邏輯上來講就越無止境。在所有消除衝突的方式中，理想化形象可能是最為重要的，因為它對整個人格構成產生極為深遠的影響。但它又轉而導致一種新的內在分裂，從而需要進一步的修補。

第四種方式，即**外化**，就是試圖修補這種分裂，儘管它在無意間也有助於消除其他衝突。透過所謂的外化，內在的心理過程被體驗為發生在其自身之外。如果說理想化形象意味著脫離真實自我，那麼外化代表著與真實自我更為徹底的分離。同樣，它也滋生新的衝突，或大大加劇最初的衝突——自我和外部世界之間的衝突。

我把上述四種方式，看作精神官能症患者用以消除衝突的四種主要嘗試，其原因在於：一方面，儘管程度不一，它們都規律性地存在於所有精神官能症中；另一方面，它們都會導致人格的深刻變化。但它們絕非僅有的四種方式。其他相對次要的方式還包括：**剛愎自用**，其主要功能就是平息所有的內心疑慮；嚴格的自我控制，即以純粹的自制力將分裂的自我整合在一起；玩世不恭，以藐視一切價值的方式消除理想方面的衝突。

但是，這些未被解決的衝突所帶來的後果，越來越清晰地呈現出來。這些衝突產生了各式各樣的恐懼、精力的浪費，也不可避免地導致了道德操守的喪失，陷入衝突的患者因無法自拔而產生嚴重的絕望感。

直到我理解了病態的絕望，我才開始思考「施虐傾向」究竟意味著什麼。我開始明白，施虐傾向是對真實自我感到絕望的人採用的一種嘗試，即借助代償性生活獲得補償。我們經常能在追求施虐快感的人身上觀察到一種全心投入的激情，它產生於施虐者對復仇快感的無止境需求。因此，破壞性的剝削欲望，事實上並非獨立的精神官能症傾向，它屬於一個更廣泛的行為模式，而且是它永不消失的表現形式，但對這個行為模式，我們缺少更貼切的術語，所以只能稱之為施虐。

如此，精神官能症理論向前發展了，它的動力中心是三種對待他人的態度——**順從他人、攻擊他人、迴避他人**——之間的基本衝突。精神官能症患者一方面擔心發生分裂，另一方面又必須產出一致的自我行動，於是不顧一切地嘗試各種消除衝突的方式。但這些方式只能讓他保持一種虛假的平衡，新的衝突不斷產生，他需要源源不絕地找到新的方法來遮蓋衝突。為了維護一致的自我而採用的每一步驟，都會讓精神官能症患者變得更有敵意、更無助、更疏離自身和他人，其結果就是，導致衝突的障礙變得更加尖銳，而解決衝突的方法卻越來越難獲得。最終，他可能變得絕望，並試圖在施虐行為中獲得補償，但這種做法反而加深了他的絕望，滋生新的衝突。

這就是精神官能症的演化樣貌及最終的性格結構，相當悲哀。既然如此，我為何又稱自己的思想是建構性的？首先，這一種思想要清除那種不切實際的樂觀主義，即認為我們可以透過一些可笑的簡便方法「治癒」精神官能症。但它也不會陷入同樣不切實際的悲觀主義。我稱它為建構的，首先是因為它第一次允許我們處理並解決病態的絕望。其次，我稱它為建構的原因在於，儘管認識到精神障礙的嚴重性，它仍然為調和乃至解決內心衝突提供了實際方案，從而讓我們得以為人格的真正整合而努力。理性決策是無法解決精神官能症衝突的。精神官能症的方式不僅無效而且有害。但是，透過改變人格內部導致衝突的心理條件，這些衝突是可以被解決的。每一份成功完成的分析工作都可以改變這些條件，從而使一個人不再那麼無助、那麼恐懼、那麼充滿敵意，也不再與自身和他人疏離。

佛洛伊德對精神官能症及其治療充滿悲觀，因為他對人性的善良和人的成長持根深蒂固的懷疑態度。他認為人命中註定是要遭受苦難或毀滅的，人的內在本能要麼被控制，要麼被「昇華」。這是佛洛伊德的假設。我的信仰則是，人既有能力也有願望發展自身的潛能，以便成為一個得體的人。如果人與他人，隨之與自身的關係受到干擾，而且這種干擾持續不斷，那麼他的這種潛能和願望就會被侵蝕。我相信，人是變化的，而且只要活著，這種變化就不會終止。我越深入理解這一點，我的信仰就越堅定。

# PART 1

# 精神官能症衝突和消除衝突的嘗試

# 第一章 尖銳的精神官能症衝突

有意識地去體驗衝突是非常寶貴的優點，
儘管這樣做可能會令人痛苦

我首先要說明的是，不是因為精神官能症才導致衝突。我們總是不時地與周圍其他人在心願、利益和信念方面產生衝突。而我們的內心衝突是人類生命的構成部分，就像我們與環境之間的衝突一樣司空見慣。

動物的行為主要由本能決定。求偶、覓食、哺育、抵禦危險，動物的這些行為或多或少都是內驅的，與個體選擇無關。相反地，選擇能力和制定決策既是人類的特權，又成為人類的負擔。我們可能必須在兩個完全相反的欲望之間做出選擇。比如，我們可能既希望獨處又想和朋友在一起；既想學醫又想搞音樂。同樣，願望和義務之間也存在衝突——在有人陷入困境需要我們照料時，我們可能更希望與愛人相伴左右；我們可能一方面想與他人和諧相處，另一方面又對他人抱有某種敵意，從而在兩種態度中左右為難。我們還可能在兩種價值體系中遭遇衝突。比如在戰爭期間，我們一方面認為應該捨家衛國，接受危險任務，另一方面又意識到自己對家庭的責任。

這些衝突的類型、涉及範圍和強度，主要由我們生活其中的文化決定。如果文化穩定，囿於傳統，那麼可供選擇的多樣性就會受到限制，具體衝突的可能範圍也就較小。但即使那樣，衝突也不會消失。一種忠誠可能會妨礙另一種忠誠；個人願望可能與群體性義務相抵牾。而如果文化正處於快速轉型期，相互矛盾的價值觀、不同的生活方式不分伯仲，同時並存，個體面臨的選擇變得複雜多樣，決策就成為一件難事。他可以遵照社會團體的期望，或成為一個持不同意見的個人主義者；他可以熱衷於社交，或離群索居；對成功，他可以崇拜，也可以藐視；對孩子的教育，他可以堅信沒有規矩不成方圓，也可以放任孩子自由成長；對男女是否因性別不同而適用不同的道德標準，他可以贊同，也可以堅決反對；他可以把兩性關係看作人類親密關係的表達，也可以把它與情感相分離；他可以支持種族歧視，也可以堅定立場，認為人的價值與膚色和鼻子的形狀無關……諸如此類，不一而足。

毫無疑問，在我們文化中生存的人必須頻繁地做出類似選擇。於是，人們可能以為，所有這些衝突都是極常見的。但事實令人震驚，大部分人並沒有意識到這些衝突，從而也就無法透過明確的抉擇來解決這些衝突。人們多半隨波逐流，隨遇而安。他們並不知道自己的處境；他們在毫不自知的情況下妥協，或者被衝突困擾卻渾然不覺。在這裡，我所指的既非普遍意義上的人，也非理想中的人，而是正常人，指非精神官能症患者。

要想發現衝突並在此基礎上做出決定，就必須滿足一些前提條件，它們分屬四個方面。首先，我們必須清楚地知道自己的願望和感受，對後者，我們甚至要有更加清醒的意識。我們喜歡一個人，是出於自己的真心，還是因為別人認為我們應該如此？假如父親或母親去世，我們是真的悲傷還是僅僅逢場作戲裝裝樣子？我們是真想成為一名律師或醫生，還是僅僅因為這兩種職業令人尊敬且收入頗豐？我們是真的希望幸福、獨立，還是僅限於在口頭上立個標杆？面對這些簡單的問題，大部分人會覺得難以回答。這就表明，我們對自己的真實感受和願望其實並不瞭解。

其次，因為衝突總是與信念、信仰或道德觀相關，認識衝突的前提條件之一就應該是：我們已經樹立起屬於自己的價值體系。如果我們所持的信念不是發自內心，而是受之於他人，它們就不夠堅定有力，從而不足以導致衝突，也無法作為決策的指導原則。一旦受到新思想的影響，它們會輕易被新的觀念取而代之。如果我們只是遵從環境所推崇的價值觀，那麼，從我們個人利益出發本該產生的衝突，也就不會產生。比如，一位兒子遵從父命，從事一項他本人不喜歡的職業，如果他從來沒有對這位心胸狹隘的父親的智慧產生過懷疑，衝突就很少發生。一位陷入婚外情的已婚男人其實已經陷入衝突，但假如他自己無法確立對婚姻意義的明確看法，他就會任其發展，而不是直接面對衝突，做出決定。

就算我們能夠辨識出類似衝突，我們還必須願意並能夠放棄導致衝突的兩個相關因素中的一個。但那種清醒而自覺的放棄能力其實是很少見的，這既因為我們的情感和信仰是混亂的，也或許是因為在最終的分析之下，大部分人都沒有足夠的安全感和幸福感，這使他們沒有勇氣放棄任何東西。

最後，做決定還需要一個前提條件，即要有為所做決定承擔責任的意願和能力。它包括願冒做錯誤決定的風險，同時願意承擔相應後果，而不會把責任推卸給別人。這就需要一種「一人做事一人當」的魄力，所需的內在力量和獨立性，遠遠超出大部分人目前所擁有的。

既然我們當中有如此眾多的人被衝突牢牢扼制著——儘管我們毫無察覺——我們就容易嫉妒、羨慕、崇拜那些似乎生活得平穩順遂、絲毫不受衝突干擾的人。這種崇拜可能是合乎情理的。的確可能有那麼一些堅強的人，他們已經建立起自己的價值等級，或者獲得了一定程度的平靜，因為隨著時間的推移，衝突和做決定的迫切性也失去了撼天動地的威力。但外在表象是具有欺騙性的。更多的情況是，由於冷漠、墨守成規或投機主義，我們嫉妒羨慕的那些人根本沒有能力從自身的信念出發，直接面對衝突或試圖解決衝突，他們只是被眼前的利益推動著順勢而為。

有意識地去體驗衝突是一種非常寶貴的優點，儘管這樣做可能會令人痛苦。我們越是勇於面對自身的衝突並為其尋找解決方案，我們獲得的內心自由和力量就越多。只有當我們願意面對衝突，我們才有可能一步步接近那個自我典範，成為駕馭我們人生航船的船長。因內心遲鈍而獲得的虛假平靜絲毫不值得羨慕。它只會讓人變得脆弱，輕易地被任何影響所左右。

當衝突彙集到生活的主要問題上時，面對並解決它們就變得尤為困難。但只要我們的生命力足夠強大，從原則上來講，我們就沒有理由懷疑自己解決不了。至於如何在生活中更好地自我覺察，如何培養出屬於自己的信念，教育可以為我們提供很多幫助。選擇會涉及眾多因素，對這些因素的認識與理解將為我們提供奮鬥的目標，從而也為我們提供生活的指引。[1]

• • •

如果一個人患有精神官能症，意識到衝突並解決衝突對他而言，其中存在的障礙就會不可估量地大大加劇。必須明確說明的是，精神官能症一直是程度的問題。當我說「一位精神官能症患者」時，我總是指「在一定程度上，他是有精神官能症的」。對他來說，對情感和欲望的意識處於衰退狀態。他唯一有意識地、清晰地體驗到的情感是恐懼和憤怒，這是他在其弱點遭到攻擊時做出的壓力反應。但即使是這些情感也有可能被壓抑。

在這種情況下，真實的理想也被強迫性標準覆蓋著，從而失去了提供指引的力量。在強迫性傾向的控制下，放棄的能力和為自己承擔責任的能力都喪失了。[2]

1 原註：對那些因環境壓力而變得陰鬱的正常人來說，哈利．艾默生．福斯迪克（Harry Emerson Fosdick）的《做一個真實的人》（*On Being a Real Person*）一書會大有裨益。

2 原註：參見本書第十章〈人格退化〉。

精神官能症衝突涉及的問題與普通人所困擾的問題是相似的，但問題的本質卻極不相同。有人質疑是否可以用同一個詞語——衝突——指稱兩者，我認為是可以的，但我們必須意識到兩者的差異。那麼，精神官能症衝突的特徵是什麼呢？

我們用一個例子相對簡要地加以說明。一位研發機械設備的工程師，在與他人合作時總是被陣發性的疲倦和煩躁所折磨。下面的事件就引發了一次發作：在討論一個技術問題時，大家更願意接受他同事的觀點而不是他的觀點。很快地，大家在他不在場的情況下做了決定，不再給他進一步表達自己想法的機會。在這種情況下，他有兩種內外一致的應對方式：他可以認為程序不公正並提出抗議，也可以欣然接受大家的決定。但他兩者都沒採用。儘管他真切地感到自己被輕視了，但他沒有反抗。在意識層面，他只是感到煩躁，但在他的夢境中顯露出來的憤怒卻殺氣騰騰。這種被壓抑的憤怒——對他人的暴怒和對自己過於順服的暴怒混合——是導致他疲憊的主要原因。

多種因素決定了他無法做出內外一致的反應。首先，他為自己建立了一個偉大的自我形象，他需要來自他人的尊重以支撐這個形象。他在無意識中預設了一個前提——他是這個領域最聰明、最能幹的。他根據這個前提行為處事，任何怠慢都會威脅這個前提並激起他的怒火。其次，他有一種無意識的施虐衝動，想要苛責、羞辱他人，但這個衝動令他厭惡，所以他用過度友善的態度加以掩蓋。無意識地利用他人的動機，也使得他必須博取他人的歡心。再次，對讚賞和愛的強迫性需求又加重了他對他人的依賴，並且通常伴隨著順從、妥協和對反抗的迴避。因此，一方面是破壞性的攻擊行為——應對性的憤怒和施虐衝動；另一方面是渴望來自他人的讚賞和愛，希望表現出他自己心目中的公正、理性的自我形象。這兩種傾向構成一種衝突，其結果就是未被覺察的內心劇變，而疲倦正是這種劇變的外在表現，它導致所有行動力的喪失。

仔細查看衝突所涉及的因素，我們首先會被它們的絕對不相容性所震驚。一方面如貴族般要求絕對的尊重，另一方面又做出一副逢迎諂媚的服從姿態，我們很難想像比這更極端的對立了。其次，整個衝突都處於無意識狀態。相互矛盾的傾向在運作，卻未被意識，而是被深深地壓抑著，抵達意識表層的只有內心鬥爭戰場上揚起的細微塵埃。情緒因素被合理化了：這不公正、這是種侮辱、我的點子更好。再次，截然相反的兩種傾向都是強迫性的。即使他在理性上能夠略微察覺到自己的過度要求、自己的依賴性及其性質，他也無法主動改變這些因素。想要改變它們需要大量的分析工作。他被那些他無力控制的強迫性力量驅使著走向任何一個方向。對他而言，所有欲求都有著內在的強迫性，他不可能放棄任何一個。但這些需求中沒有一個代表了他本人的真實願望和追求。他可能既不想利用他人，也不想服從；事實上，他鄙視這些傾向。此事件發展的這種態勢，對我們瞭解精神官能症衝突來說是大有裨益的。它表明，在精神官能症衝突中，沒有一種選擇是可行的。

另一個例子具有相似的心理樣貌。一位自由設計師從好友那裡偷了一小筆錢。外在處境並不能解釋他偷錢的原因。如果他需要錢，他的朋友會愉快地把錢給他，就像他朋友以前問或所做的那樣。但他卻寧可偷竊。鑒於他是一位極其珍惜友誼的紳士，他的這個行為著實令人驚訝。

內心的衝突才是偷竊的真正原因。這個人對愛有著明顯病態的需求，他特別渴望在任何具體事情上都得到照顧。同時，他的需求中又混雜著一種利用他人的無意識動機。因而他的待人方式就是恩威並施，一方面向人示好以建立親密關係，另一方面卻充滿威脅。這兩種傾向本該讓他願意並渴望接受幫助和支持。但他又發展出一種極端的、無意識的自負，並相應形成一種脆弱的自尊心。對他來說，請求幫助是一種恥辱，別人應該為能夠效勞於他而感到榮幸。他對不得不提出請求感到厭惡，並用對獨立自足的強烈渴求強化了這種厭惡。對獨立自足的渴求使他無法容忍這個事實——承認自己需要某樣東西或受人恩惠。因此，他只能（主動地）拿，而無法（被動地）接受。

在這兩個例子中，衝突的內容雖不盡相同，但本質上卻是相同的。而且，其他精神官能症衝突的例子也都表現出類似的特徵：相互衝突的驅力是互不相容的、驅力是無意識的、驅力是強迫性的。正是這些特徵才導致人們無法在相互矛盾的因素之間做出選擇。

如果要在常人的衝突和精神官能症患者的衝突之間劃分一道界限，那麼這道界限也是模糊的，它基於這樣一個事實——相互衝突的因素之間的分歧程度不同：常人的沒有精神官能症患者的那麼嚴重。對常人來說，他必須在兩種行為模式中做出選擇，而在相當完整的人格框架中，這兩種行為模式都是可行的。用圖表示的話就是：常人的兩個行為模式的分叉角度大概是九〇度，而精神官能症患者的則可能達到一八〇度。

就對衝突的覺察而言，其差異也是程度問題。正如齊克果所言：「真實生活太複雜多樣了，僅僅透過展示全然無意識的絕望，和清醒意識到的絕望之間的抽象對立，是無法描繪生活全貌的。」[3]但我們也可以這麼說：常人的衝突是完全有意識的；而精神官能症患者的衝突就其基本要素而言，總是

3 原註：索倫．齊克果（Søren Aabye Kierkegaard），《致死的疾病》（*The Sickness unto Death*），普林斯頓大學出版社，一九四一年。

無意識的。儘管一個正常人也可能沒有意識到他的衝突，但只要借助少許說明他就能夠認知到它；但導致精神官能症衝突的基本傾向卻被深深地壓抑著，只有在克服重重抗拒的情況下才有可能揭露它們。

常人的衝突是在兩種可能性——要麼是兩種欲望，要麼是兩種信念——中做真實的選擇，這兩種可能性都是他真正看重的，因此，他能夠做出一個可行的決定，儘管這個決定對他來說很難，而且意味著一定程度的放棄。而陷入衝突的精神官能症患者卻沒有選擇的自由。他同時被強迫性驅力推向不同的方向，而這兩個方向都不是他真實想要的，因而通常意義上的選擇是不可能的。他陷入困境、毫無出路。只有對所涉及的精神官能症傾向加以分析，衝突才有可能被解決；也只有透過這個方式，他才能改變與他人及自身的關係，從而將精神官能症傾向一併解除。

這些特徵說明了精神官能症衝突尖銳而且棘手。它們難以辨識，不僅會讓患者感到無助，而且具有一種令人害怕的分裂性力量。除非我們知道這些特徵並牢記在心，否則我們無法理解精神官能症患者為了消除衝突所做的那些令人絕望的嘗試，而它們正是構成了精神官能症的主要內容。

**NOTE**

- 一種忠誠可能會妨礙另一種忠誠；個人願望可能與群體性義務相抵牾。而如果文化正處於快速轉型期，相互矛盾的價值觀、不同的生活方式不分伯仲，同時並存，個體面臨的選擇變得複雜多樣，決策就成為一件難事。
- 衝突總是與信念、信仰或道德觀相關，認識衝突的前提條件之一就應該是：我們已經樹立起屬於自己的價值體系。
- 做決定還需要一個前提條件，即要有為所做決定承擔責任的意願和能力。
- 有意識地去體驗衝突是一種非常寶貴的優點，儘管這樣做可能會令人痛苦。我們越是勇於面對自身的衝突並為其尋找解決方案，我們獲得的內心自由和力量就越多。

# 第二章 基本衝突

衝突緣起於我們與他人的關係，並隨後影響到整個人格

衝突在精神官能症中所引起的作用，要比通常所認為的大得多，但探測它們卻是件難事。這一方面是因為它們從本質上來講是無意識的，但更重要的原因在於，精神官能症患者會想盡辦法否認衝突的存在。那麼，哪些跡象可以證明我們對潛在衝突的猜想是合理的呢？在前一章所舉的例子中，兩個很明顯的因素暗示了衝突的存在：一是衝突導致的症狀——第一個案例中的疲憊，第二個案例中的偷竊。事實是，每種精神官能症症狀都表明一種潛在的衝突，也就是說，每種症狀或多或少都是一種衝突的直接產物。我們將會逐步發現，那些未被解決的衝突對人產生了怎樣的影響，它們又是如何導致

**焦慮**、**憂鬱**、**優柔寡斷**、**惰性**、**疏離**等心理狀態。對症狀起因的瞭解，會幫助我們將注意力從顯露在外的障礙轉向導致障礙的源頭——儘管這個源頭的確切本質尚未被揭露。

暗示衝突正在運作的另一個跡象是**矛盾**。在第一個例子中，那位工程師認為程序是錯誤的，自己遭遇了不公正的對待，卻沒有做出反抗。在第二個例子中，一個人高度重視友誼卻偷了朋友的錢。有時候，精神官能症患者可能會意識到這種矛盾，但更多的情況是，他們對此一無所知，即使這些矛盾對一個未經訓練的觀察者而言都是昭然若揭的。

就像身體機能紊亂體溫就會升高一樣，矛盾是標誌著衝突存在的確切信號。比如以下這些常見的矛盾：一位姑娘把結婚看得高於一切，在面對男人的求愛時卻畏縮不前；一位母親一心放在孩子身上，卻頻頻忘記孩子的生日；一個人對別人極為慷慨，在自己的花費上卻極為吝嗇；一個人渴望獨處，卻從不讓自己孤單一人；一個人對別人寬容大度，對自己卻過於嚴厲，要求甚高。

我們經常可以根據潛在衝突的本質，對矛盾做出試探性的假設，這和症狀不一樣。比如，嚴重的憂鬱症只能揭示這麼一個事實：這位患者正處於兩難境地。但如果一位明顯投入育兒的母親忘了她孩子的生日，我們可能會猜測，這位母親真正專注的不是她的孩子，而是如何成為一位理想母親。或者，我們還可以認為有這樣的可能：她的理想母親形象中，混雜著一種無意識的施虐傾向——想要挫敗孩子。

有時候，衝突會浮到表面，可以被有意識地體驗到。這看似與我的觀點「精神官能症衝突是無意識的」相矛盾。但事實上，浮到表層的衝突，已經是實際衝突的變形或修正。因此，儘管患者的迴避策略是完善的，但當他發現自己必須做出重大選擇時，他可能還是會意識到衝突的存在，並遭受它們的折磨。和這個還是那個女人結婚，或者乾脆不結婚；是接受這份還是那份工作；該保持還是結束與同伴的合作關係……他在兩種選擇中來回穿梭，深感痛苦，卻無法做出任何決定。陷入困境的他求助於分析師，期待分析師幫他把這些問題梳理清楚。但他必然會感到失望，因為當下的衝突，只是內心衝突這一爆炸物最終爆發的臨界點。要想解決那些困擾著他的具體問題，就必須先認識深藏其下的內心衝突，而這將是漫長而曲折的過程。

在其他情況下，內心衝突可能會被外化，作為人與其環境之間的矛盾出現在患者的意識之中。或者，當患者發現他的願望總是被看似毫無理由的恐懼和壓抑干擾時，他可能會意識到他的這些衝突有著更深的源頭。

症狀、矛盾和表層衝突，都是由相互衝突的因素導致的。對患者的瞭解越多，我們就越能辨識這些相互衝突的因素。但由於衝突的種類多樣且不斷變化，情況也會變得越發令人困惑。因此我們就要問：在這些具體的衝突之下，有沒有一種基本衝突，它是這些衝突的根由？人們能不能明確地描繪出衝突的結構，比如說不和諧的婚姻的衝突結構？為了朋友、孩子、經濟、用餐時間和僕人這些互不相干的事情，夫妻雙方無休止地爭吵著，這是否表明婚姻關係中存在著某種根本性的不和諧？

• • •

人的性格中蘊含著基本衝突，這個古老信念在不同的宗教和哲學思想中扮演著重要角色。光明與黑暗、上帝與魔鬼、善良與邪惡的力量對比，就是這種信念的一些表達方式。在現代心理學中，佛洛伊德的研究在這個問題上和在其他方面一樣具有開創性。他首先假設，基本衝突是盲目尋求滿足的本能衝動和嚴峻環境（家庭和社會）之間的衝突。這個嚴峻的外部環境在童年早期就被內化，並自此表現為嚴厲的超我形象。

要討論佛洛伊德的這個觀點，我們必須持與之相配的嚴肅態度，這就要求我們首先對所有反對原欲理論的意見加以概述。但在此處，這個做法有點偏題。此處，我們對佛洛伊德觀點的理論前提先存而不論，僅限於理解這一觀點本身的含義，這樣，佛洛伊德的觀點就可表述如下：原始的、自我中心的衝動和嚴峻的良心之間的對立，是各種衝突的根本源頭。隨後大家會發現，我將賦予這個對立（或者在我看來可與之媲美的對立）在精神官能症結構中的重要地位。但我質疑這個對立的本質。我認為，儘管這是一種主要衝突，但它是第二位的，是在精神官能症形成過程中出現的某種必然結果。

我將在下文闡明我反對佛洛伊德的理由，此處先提出我的觀點。我認為欲望和恐懼之間的衝突，無法解釋一位精神官能症患者內心分裂的程度，而且它也無法解釋衝突導致的結果為何會有如此巨大的危害，足以毀壞一個人的生活。佛洛伊德假設的心理狀態暗示，一位精神官能症患者依然能夠全心全意地追求某樣東西，只是在追求中他遭到了恐懼這個抑制行為的挫敗。但在我看來，精神官能症患者喪失了全心全意希冀某物的能力，因為他的每個願望都被分裂了，指向不同的方向，而這正是衝突的來源。[1]這種情況比佛洛伊德設想的更加嚴重。

儘管我認為基本衝突要比佛洛伊德所認為的更具破壞性，但在關於衝突

1 原註：參見弗朗茲．亞歷山大，〈結構性衝突和本能性衝突的相互關係〉（*The Relation of Structural and Instinctual Conflicts*），《精神分析季刊》（*Psychoanalytic Quarterly*），第二卷，第二期，一九三三年四月。

最終得以解決的可能性上，我的觀點卻比佛洛伊德的更積極。在佛洛伊德看來，基本衝突是普遍性的，而且原則上不可解決，唯一能做的就是使衝突達到更好的妥協或得到更好的控制。而在我看來，基本的精神官能症衝突並不必然作為根由而出現，而且一旦出現也有可能解決——前提是患者願意付出所需的努力，經歷相當的艱辛。這並不是樂觀與悲觀的區別，而是我們不同的理論前提導致的差異。

就基本衝突而言，佛洛伊德的後期思想從哲學層面來講極具吸引力。暫且不論他的思想造成的不同影響，他的生之本能（eros）和死之本能（thanatos）表明了人類身上兩種力量——建設性力量和破壞性力量——之間的衝突。但佛洛伊德本人的興趣不在於將這個思想應用到衝突研究上，他對兩種本能力量的融合更感興趣。比如，他發現可以把受虐和施虐衝動解釋為性本能與破壞本能相融合的結果。

將「生之本能」和「死之本能」應用於衝突研究，就會把道德價值引入精神分析。但佛洛伊德認為，道德價值是科學領域不合法的入侵者。與此信念相一致，佛洛伊德致力創立一種不含道德價值的心理學。我認為，佛洛伊德的理論和基於其理論的治療，之所以只能局限在狹小的範圍內，最具說服力的原因就是他追求自然科學般的「科學性」。更確切地說，這也使他無法看到衝突在精神官能症中的作用，儘管他在這個領域做了大量的工作。

榮格也非常關注個體身上的對立傾向。事實上，他對個體身上運行著的矛盾有著非常深刻的體察，因此他提出了一條普遍法則：矛盾一方的在場必然意味著矛盾的另一方也在場。一種外在的女性氣質必然暗示著內在的男性氣質、表面的外向必然暗示著隱蔽的內向、外在的理性優勢必然暗示著內在的情感優勢等。至此，榮格似乎把衝突看作精神官能症的基本特徵，但他接著卻說，這些對立不是衝突性的，而是互補性的——我們應該接納對立雙方以達到理想中的完整性。對榮格而言，精神官能症患者是陷入單方面發展之困境的人。他在補償原則（law of complements）中明確表達了這一觀點。現在，我也認知到，對立傾向包含著補償性因素，在完整的人格中，這些因素不可或缺。但我認為這些補償性因素是精神官能症衝突的產物，而且與精神官能症衝突須臾不可分離，因為它們是為了消除衝突所做的嘗試。例如，假如我們把反省、沉默寡言、更沉溺於自己而非他人的情感思想或想像，看作一個人天生的性格傾向，即先天確立、後天強化，那麼榮格的推理就是正確的。有效的治療步驟就應該是將患者隱藏的「外向性」傾向揭露出來，指明單一發展任何一種傾向都是危險的，並鼓勵他接受並實現兩種傾向。但是，如果我們把內向性（或者，我寧願稱其為病態的疏離）看作一種手段，用以逃避與他人密切接觸時產生的衝突，治療工作就不是去激發患者更多的外向性，而是分析潛在的衝突。只有這些衝突解決了，才有可能逐步接近內心整合這個目標。

•
•
•

現在，我開始闡明自己的立場。精神官能症患者對待他人的態度從根本上來講是矛盾的，我從這些矛盾中發現了精神官能症患者的基本衝突。在詳細討論之前，讓我們先關注傑奇博士和海德先生[2]的故事，它以戲劇化的方式展示了類似矛盾。我們可以在傑奇博士身上發現兩種截然相反的為人態度：他一方面柔弱、敏感、富有同情心、樂於幫助別人；另一方面又殘忍、麻木、自我中心。當然，我並不想暗示精神分裂總是嚴格按照這個故事的情節發展，我僅想用生動形象的方式說明對待他人態度上的基本矛盾。

如果從發生學的角度討論這個問題，我們就必須返回到我曾提出的基本焦慮[3]，即一個孩子在面對充滿潛在敵意的世界時所感受到的孤立和無助。環境中大量的、種類不同的敵對因素會導致孩子內心的不安全感，比如：直接或間接的控制、冷漠、變化無常的行為方式、不尊重孩子的個體需要、缺少實際的指導、輕蔑的態度、過多的讚美或缺少讚美、缺少可依賴的溫暖、被迫在父母的分歧中選擇支持哪一方、承擔太多或太少責任、過度保護、與

2 譯註：羅勃．路易斯．史蒂文生（Robert Louis Stevenson）的小說《化身博士》（*The Strange Case of Dr. Jykell and Mr. Hyde*）中的主角。海德先生是傑奇博士的化身，代表了傑奇博士人格中截然相反的一面。

3 原註：卡倫．荷妮，《我們時代的病態人格》，W．W．諾頓出版，一九三七年。

其他孩子隔離、不公正、歧視、沒兌現的諾言、充滿敵意的氛圍等等。

此處，我著重強調孩子如何感受潛伏於環境中的虛偽：他覺得父母的愛，父母的基督教慈善精神、誠實、慷慨等，都可能只是偽裝。孩子的這種感受可能部分屬實，父母的確可能偽善，但也有部分是因為孩子感受到父母的行為中存在矛盾。但是，這些心理因素通常壓抑、纏繞在一起，既可能公然顯露，也可能非常隱蔽，所以它們對孩子成長的影響只能在分析中逐步辨析出來。

身陷令人不安的環境，孩子只能摸索著前行，想方設法應對這個險惡的世界。儘管他脆弱、充滿恐懼，他還是在無意識中形成了自己的一套策略，以應對環境中的具體壓力。在這種情況下，他所形成的不是臨時的策略，而是持續的性格傾向，它們終將成為他人格的一部分。我稱這些性格傾向為「精神官能症傾向」。

如果我們想要觀測衝突如何發展，我們不應該過度集中在單一傾向上。

在具體處境中，一個孩子能夠、而且的確會形成不同的性格傾向，我們應該宏觀這些主要傾向。儘管這麼做會讓我們暫時忽略細節，但也讓我們獲得了一種更清晰的視角來觀察孩子應對環境的基本步驟。最初呈獻給我們的樣貌可能相當混亂，但很快，樣貌中就會浮現出三條主要的線索：孩子可以迎合他人、對抗他人，或者迴避他人。

當孩子迎合他人時，他承認自己是無助的。他不管自己與人的隔閡和對人的恐懼，仍努力贏取他人的愛並依賴他們。只有以這種方式與他人在一起，他才感到安全。如果家庭中存在不和，他就會依附最有力量的人或團體。透過服從他們，孩子獲得一種歸屬感和支撐感，而這使他覺得不再那麼脆弱和孤立。

當孩子對抗他人時，他接受了他周圍的敵意，並認為這是理所當然的，而他自覺或不自覺地決定反抗。私底下，他對他人給予他的感情和他人的意圖充滿懷疑。他用一切可能的方式反抗。他想成為更強者並征服別人，一方面為了自我保護，另一方面也是為了報復。

當孩子迴避他人時，他既不想在他人那裡尋找歸屬感，也不想反抗他人，他只想與他人保持距離。他覺得自己與他人沒有共同點，而他人反正也不瞭解他。他用大自然、玩偶、書和夢想建立起自己的世界。

以上三種態度的每一種，都過度強調了基本焦慮中的某個因素：第一種態度強調無助，第二種態度強調敵意，第三種態度強調孤立。事實上，孩子不可能完全專注於某一傾向，因為在三種態度發展的具體情境下，所有傾向必然都會出現。我們從宏觀視角中看到的，僅僅是占主導地位的那種傾向。

如果我們現在提前看一下已經形成的精神官能症，這種情況就會非常明顯。我們都知道，在成年人身上總是以上述三種態度的某一種最為突出。但我們也能發現，其他傾向仍然在他身上發揮著作用。我們可以在以依賴和服從為主導的人身上，發現攻擊性傾向和對疏離的需求；以充滿敵意為主要性格特徵的人，也會有服從的氣質和想要獨處的願望；而疏離的性格也不會不帶敵意或不渴望愛。

但「主導性態度」最有力地決定了實際行動時的態度，代表個體與他人相處時感覺最自在的方式和方法。因此，一個疏離的人自然會在無意識中，盡其所能保持與他人的安全距離，因為任何需要與他人保持密切聯繫的情境都會讓他感到無所適從。而且，優越感經常是（雖然並不總是）他最能自覺接受的一種態度。

但這並不表示非主導態度的力量就較小。比如，我們很難說，在一個表面看來依賴、服從別人的人身上，其控制欲望和對愛的需求相對之下，強度一定就低。他攻擊性衝動的表達方式不過更為間接而已。在很多事例中，處於主導地位的態度都被顛覆了，這足以證明，那些潛在傾向的力量可能非常巨大。我們可以在孩子們身上發現這種倒轉，但這也同樣會發生在成人身上。威廉・薩默塞特・毛姆（William Somerset Maugham）的《月亮與六便士》（*The Moon and Sixpence*）中的史崔克蘭就是一個很好的例子。女性的精神分析病史也經常揭示這種變化。一位原本叛逆、男孩子氣、野心勃勃的女孩，當她陷入愛情後就可能變成一個溫順的、依賴性強的女人，看起來毫無野心。另外，在慘重經歷的打擊之下，一個原本疏離的人也會產生對他人的病態依賴。

另外，我還想說，這種變化也暴露了人們反覆提及的問題：童年的處境是否會對我們造成終身的影響？後期經驗是否沒有價值？如果從衝突的角度觀察精神官能症的發展，我們對這些問題的解答就會比現有的答案更加充分。我們認為有兩種可能性——如果早期情境沒有特別妨礙自主成長，那麼往後的，特別是青少年時期的經歷就會具有塑造性影響力；但是，如果早期經歷的影響力足夠強大，已經將孩子塑造成一種僵化的性格模式，那麼任何新的經驗都無法打破這個模式。這一方面是因為，他僵化的性格模式不允許他接納新的經驗。比如，他極端的疏離態度不再允許任何人接近他；或者，他的依賴性如此根深蒂固，他總是被迫扮演服從的角色，並招致他人的剝削。另一方面，他會用自己已經確立的模式來解釋任何新的經驗。比如：攻擊型性格的人在面對別人的友好時，他要麼把它當作愚蠢的表現，要麼把它當作別人利用他的企圖。新的經驗只是強化了舊的性格模式。當一位精神官能症患者真的採用了不同的態度，這看起來似乎是後期經歷造成了人格的變化，但這種變化並不像外顯的那樣徹底。事實上，正是內外壓力相結合，迫使他放棄了占主導地位的態度，轉而青睞另一個極端——但如果一開始就沒有衝突，這種變化是不會發生的。

• • •

從常人的角度來看，這三種態度沒有理由相互排斥。一個人應該既能向他人讓步，也能反抗，也能獨處。這三種態度能夠相互補充，共同構建一個和諧整體。如果一種態度占主導地位，這只能說明某一傾向過度發展了。

但在精神官能症中，這三種態度卻不能協調，其原因如下：精神官能症患者無法變通，他被驅使著迎合、反抗，或迴避，而不管其行為與具體處境是否合適；如果他採用其他態度，他就會陷入恐慌。因此，當三種態度都以一定的強度同時顯現時，他就必然會陷入尖銳的衝突之中。

另外，這三種態度不僅會影響人際關係，而且它們會像惡性腫瘤蔓延到整個器官組織那樣，逐步滲透進整個人格，從而大大拓展了衝突的範圍。最終，它們不僅涉及個體與他人的關係，還涉及個體與自身及其生活的整個關係。如果我們不充分認知到態度這種囊括一切的特徵，我們就很容易用絕對的方式，將態度所導致的衝突歸納為諸如：愛／恨、順從／反抗、屈服／控制等。這種誤導，就相當於僅基於相互衝突的某一方面——比如它們對待宗教或權力的不同方式——來區分法西斯主義和民主。這些差異的確存在，但如果只關注這些差異，就會忽略這個事實：民主和法西斯主義是兩個相互分離的世界，代表兩種完全不同的生活哲理。

衝突緣起於我們與他人的關係，並隨後影響到整個人格，這並非偶然。

人際關係的影響力如此巨大，它必定會對我們的性格發展、目標設定、價值觀的形成具有塑造力量。所有這些又會轉而影響我們與他人的關係，因此，人際關係和人格形成便不可分割地交織在一起。[4]

我的觀點是，由互不相容的三種態度導致的衝突構成了精神官能症的核心，因而把它稱為「基本衝突」是恰當的。

另外，我還想指出，我使用「核心」一詞並不僅僅出於它是「重要」的比喻性說法，更是為了強調它是精神官能症起源的動力中心。這是新的精神官能症理論的核心思想。我將在下文逐步闡明這個思想。總體而言，這一思想可看作對我早期觀點——**精神官能症是人際關係障礙的一種表達**——的深入闡述。[5]

4 原註：精神分析刊物上偶爾會出現這樣的觀點，認為與他人的關係和對待自我的態度這兩者，其中一個比另一個在理論和實踐上更為重要，但因為這兩者不能相互分離，所以這種觀點是站不住腳的。

5 原註：我在《我們時代的病態人格》中初次提出這一思想，並在《精神分析的新方向》（*New Ways in Psychoanalysis*）和《自我分析》中詳細闡述了這個思想。

## NOTE

- 每種症狀或多或少都是一種衝突的直接產物，對症狀起因的瞭解，會幫助我們將注意力從顯露在外的障礙轉向導致障礙的源頭。
- 就像身體機能紊亂體溫就會升高一樣，矛盾是標誌著衝突存在的確切信號。
- 在佛洛伊德看來，基本衝突是普遍性的，而且原則上不可解決，唯一能做的就是使衝突達到更好的妥協或得到更好的控制。而在我看來，基本的精神官能症衝突並不必然作為根由而出現，而且一旦出現也有可能解決——前提是患者願意付出所需的努力，經歷相當的艱辛。
- 人際關係的影響力如此巨大，它必定會對我們的性格發展、目標設定、價值觀的形成具有塑造力量。所有這些又會轉而影響我們與他人的關係，因此，人際關係和人格形成便不可分割地交織在一起。

# 第三章 迎合他人

服從型患者感到自己如嬰兒一般被陌生而危險的動物包圍著

基本衝突是無法呈現的，我們無法展示個體身上運作著的基本衝突。由於基本衝突的破壞性力量，精神官能症患者在它周圍建起了一種防衛機制，這種防衛機制不僅將衝突從視野中抹去，而且還將衝突深深地掩蓋起來，因此，我們很難將衝突單獨分離出來。其結果是，那些浮現在表層的並不是衝突本身，而是為了消除衝突所做的不同嘗試。因此，對病史的詳細描述必然太具偶然性，所提供的心理圖景也太過模糊，它並不能充分揭示衝突的所有含義和細微差別。

另外，前一章粗略提出的思想輪廓也仍需精緻化。為了理解基本衝突涉及的所有問題，我們將分別研究相互對立的三種態度，這是我們的工作起點。為了讓工作有所成效，我們可以將被觀察的患者分成不同的類型，因為在這些患者身上，總有一種態度成為主導性態度，而這種態度正代表患者自己更願意接受的自我。為簡單起見，我將患者分成三種人格類型：**服從型**、**攻擊型**和**迴避型**。[1]在每種類型中，我們將聚焦患者更願採納的態度，並盡可能略去這一態度所掩蓋的衝突。我們將發現，在每一種人格類型中，對待他人的基本態度都產生了，或至少是孕育了特定的需求、品格、敏感、壓抑、焦慮，以及特定的價值體系。

這種研究方法可能有一定的缺陷，但它的優點也是確定的。首先，在這三種類型中，態度、反應、信念等因素比較鮮明，對它們功能和結構的檢測將成為一種參照，能夠幫助我們更快地識別以朦朧、混亂形式出現的相似因素。另外，考察未摻雜質的單一類型，也有助於凸顯三種態度之間固有的不相容性。還是以民主和法西斯主義的差異性為例。假設，一個人在一定程

1 原註：此處，「類型」這一術語僅用來簡單地指稱具有鮮明性格特徵的人。我並不打算在這一章和接下來的兩章中創立一個新的類型學。類型學當然是需要的，但它必須建立在更廣闊的基礎之上。

度上信仰民主理想，暗中卻又傾向於法西斯主義手段。如果我們想要明確指出民主思想和法西斯主義思想的本質區別，我們的研究就不能以這個人為基礎。我們寧願首先著眼於與國家社會主義相關的著作和實踐行為，並從中獲取有關法西斯主義的思想樣貌，然後再將它與最能代表民主生活方式的表達方式加以比較。這樣，兩種信仰體系之間的區別就會給我們留下深刻印象，這有助於我們理解那些試圖在兩種思想中達成妥協的人和群體。

第一種人格類型是服從型，它顯示出的所有特徵都與「迎合」他人的態度相吻合。這一類型的患者表現出明顯的對愛和贊同的需求，以及對同伴——朋友、愛人、丈夫或妻子——的特殊需求，同伴「將滿足所有的生活期待，承擔善惡的責任，他的主要任務就是成功地操控一切」。[2]這些需求具有所有精神官能症傾向的共同特徵，即它們是強迫性的、無差別的，一旦遭到挫敗便會產生焦慮和沮喪。這些需求幾乎與「他人」的固有價值毫無關係，也無關乎需求者本人對他人的真實感情。無論這些需求的表現方式如何

2 原註：卡倫．荷妮，《自我分析》，W．W．諾頓公司出版，一九四二年。

變化，它們的核心都是對人際間親密關係和「歸屬感」的渴望。由於他的需求是不加區分的，服從型患者就會高估他與周圍的人在精神和興趣方面的共同點，從而無視那些帶來隔閡的因素。[3]因此，他對人的錯誤判斷就不是出於他的無知、愚蠢，或缺乏觀察力，而是由他的強迫性需求決定的。一位患者的畫描繪了這樣一個場景：她站在畫面中央，纖弱而無助；在她周圍，一隻巨大的蜜蜂正要叮她，一條狗要咬她，一隻貓要跳到她的身上，而一頭牛要牴她。正如這幅畫所描繪的那樣，服從型患者感到自己如嬰兒一般被陌生而危險的動物包圍著。但是很顯然，其他存在者的真實性質並不重要，真正重要的是那些更具攻擊性的存在者，因為他們更可怕，所以他們的「愛」就是必需的。總之，這一類型的患者需要被喜歡、被需要、被欲求、被愛；他們需要被接受、被歡迎、被認可、被欣賞；他們需要覺得自己不可或缺、比其他人都重要，特別是對某一特定的人而言；他們需要被幫助、被保護、被關愛、被指引。

3 原註：參見《我們時代的病態人格》第二章、第五章關於「對愛的需要」的論述；以及《自我分析》第八章對「病態依賴」的論述。

當患者在心理分析過程中被告知，這些需求是強迫性的，他可能會堅稱這些願望是十分「自然的」。他當然可以捍衛自己的立場。有些人被施虐傾向嚴重扭曲，他們對愛的渴望被扼殺，那麼愛就無法在他們身上發揮任何作用。除了這些人，每個人都有被喜歡的願望，都想要有歸屬感、想要得到幫助。這樣的假設是完全可靠的。但患者的錯誤在於，他宣稱他對愛和讚賞的瘋狂索求是真誠的，但事實上，這分真誠被蒙上了一層厚重的陰影，那就是他對安全感無止境的強烈渴求。

這個迫切需求必須得到滿足，因而他做的每件事都是為了實現這個目標。他在實現目標的過程中逐步發展出特定的品格和態度，而這些最終塑造了他的性格。有些品格和態度可以說是「討人喜歡的」：在他所能理解的情感範圍內，他對他人的需要非常敏感。比如，他可能完全忽略一個疏離的人想要獨處的願望，卻能敏銳地感受到另一個人對同情、幫助和贊同的需要。他努力不辜負他人的期待，或者說不辜負他認為的他人的期待，這是他的習慣，因此他經常忽視自己的情感。他變得「無私」，富有自我犧牲的精神，並且不提任何要求，除了無止境的對愛的欲求。他變得順從、慷慨、過於體貼——在對他而言可能的限度內，過於賞識他人、過於感恩。他讓自己無視這樣一個事實：在他的內心深處，他並不那麼喜歡別人，而且還傾向於認為他們是虛偽和自私的。但是——如果我可以用意識層面的表述方式來說明無意識活動——他自我說服，他喜歡每個人，他們都是「好人」，值得信任。但這個謬誤不僅會給他帶來令人心碎的失望，而且還會加深他總體的不安全感。

這些品格並不像服從型患者本人所認為的那樣有價值，特別是當他不考慮自己的情感和判斷，而盲目地將己之所欲投注在他人身上時，如果他沒有得到具體的回報，他就會深感不安。

與上述品格並存或相互重合的還有其他一些品格，其目的是迴避敵視、爭吵和競爭。服從型患者會主動退讓，將眾人矚目的中心讓給別人，而自己屈居次要地位；他是平和的、安撫的、心無惡意——至少在意識層面如此。復仇或獲勝的意願被壓抑得如此之深，以至於他自己都經常驚訝，為什麼自己總是這麼輕易就順從了，或從來不會長時間心懷怨恨。自動承擔責難的傾向在服從型人格中很重要。他一再無視自己的真實情感，也就是說，無論他是否真覺得自己有過錯，他都會譴責自己而不是他人。面對顯然毫無根據的批評或預料中的攻擊，他都會賠罪或進行徹底的自我檢討。

從這些態度到確切的壓抑之間，有個不易覺察的轉換。因為任何攻擊性行為都是禁忌，所以我們在很多方面都發現了壓抑的存在，比如他不夠堅定自信，不敢批評、提出要求、發布命令，無法讓人眼前一亮，不會追求野心勃勃的目標。另外，因為他的整個生活都是為了他人，他的壓抑性行為就經常阻礙他為自己做點什麼或自得其樂。這種情況可以發展到如此地步：任何沒有與他人分享的經歷——一頓飯、一場演出、音樂、自然——都會變得毫無意義。不用說，這種對享受的僵化限制不僅使生活變得貧瘠，而且加重了對他人的依賴。

除了將上述品格理想化[4]，他對待自己的態度也具有某些特徵，其中之一就是揮之不去的軟弱和無助感——一種「可憐的渺小的我」的感覺。如果沒人幫他一把，他就會不知所措，就像一艘船脫離了它的錨，或灰姑娘失去了她的仙女教母（女恩人）。在一定程度上，這種無助感是真實的，但患者本人的情緒——無論如何都無力戰鬥或競爭的情緒，確實強化了無助感。另外，他會向自己和他人坦承自己的無助感，甚至在夢中，這種無助感都會被戲劇性地凸顯出來。他依賴這種無助感，並經常把它當作請求和抗議的手段：「你們必須愛我、保護我、原諒我，不要拋棄我，因為我是多麼軟弱和無助啊！」

第二種特徵產生於他主動退讓的習慣。他覺得，所有人都比他優秀，比他更有吸引力、更聰明，所受的教育比他更好、比他更有價值，他認為這些都是理所當然的事實，他必須接受。由於他缺少自信，他的能力的確受到了

4 原註：參照本書第六章〈理想化形象〉。

阻礙，所以這種感覺是有事實依據的。但是，即使在他毫無疑問能夠勝任的領域，他低人一等的感覺也會使他完全不顧自己的優點，認為別人比自己更有能力。而在富有攻擊性或自負的人面前，他的自我價值感就會更加萎縮。但是，就算是他獨自一人，他也還是喜歡看輕自己，他不僅看輕自己的品格、才能和能力，還會看輕自己的物質財富。

第三個典型特徵源於對他人的普遍依賴。他不自覺地將自我評價建立在他人對他的看法上。他人的贊同或否定、他人愛或不愛他，都會使他的自尊上下起落。因此，任何「拒絕」對他來說，都是一場真正的災難。如果他的邀請沒有得到對方的回應，從表面看來他可能顯得通情達理，但根據他生活中特定的內心世界的邏輯，他自尊的晴雨表就會降到最低點。也就是說，任何批評、拒絕或遺棄都是令人恐懼的危險，他可能會以最卑微的努力去贏回他人的關注，儘管這個人曾以拒絕或遺棄威脅過他。他將自己的另一邊臉也奉送上去，這一做法不是由某種神秘的「受虐」衝動引起的，根據他內心的前提，這是他唯一能做的合乎邏輯的事。

所有這些都促成了他特定的價值觀。當然，價值觀本身或多或少是隨著他的全面成熟而逐漸明確下來的。他會傾向於認同善良、同情、愛、慷慨、無私、謙卑，而痛恨利己主義、野心、麻木不仁、狂妄、玩弄權力——儘管他可能同時暗中羨慕這些特質，因為它們代表「力量」。

這些就是與「迎合」他人的精神官能症患者相關的所有特徵。現在應該很清楚，為什麼僅用比如「屈服」或「依賴」這種單一術語不足以描繪這些特徵，因為對服從型人格的患者而言，這些特徵暗示了他們思考、感覺和行動的整體方式，即他們生活的整體方式。

儘管我曾發誓暫不討論隱藏在態度之下的衝突，但被壓抑的對立傾向在一定程度上強化了主導性傾向，如果我們對此沒有瞭解，我們就很難充分理解患者為何要刻板地堅守這些態度和信念。因此我們要簡要地看一下畫面的反面。我們在分析服從型人格時發現，大量攻擊性傾向被牢牢地壓抑著。被壓抑的傾向，諸如對他人麻木不仁、毫無興趣或充滿鄙視，不自覺地想要依靠他人生活或利用他人，偏好控制和操縱他人，不可扼制地希望脫穎而出或享受復仇快感，它們與表面的過分熱心截然相反。當然，這些被壓抑的驅力在種類和強度上各不相同。在一定程度上，攻擊性傾向是個體在成長早期對不愉快的人際關係做出的反應。比如在成長過程中，孩子在五~八歲時經常亂發脾氣，但隨後這種現象會消失，溫順取而代之。但因為敵意的產生是持續的，且來自不同的源頭，攻擊性傾向也會被後期經驗強化或滋養。這個話題太過廣泛，我們此時尚無法深入探究，此處只要說明這點就夠了：謙遜和「善良」會招致別人的踐踏和利用；對他人的依賴會產生額外的脆弱，因而，每當他過度渴求的愛和贊同沒有如期而至時，他都感到自己被忽略、被拒絕、被羞辱了。

當我說所有這些情感、驅力、態度都被「壓抑」了時，我是在佛洛伊德的意義上使用「壓抑」一詞的，也就是說，患者不僅意識不到這些因素，還堅決不讓它們進入自己的意識，他們焦慮地保持警覺，以免這些因素向他本人和他人顯露出任何蛛絲馬跡。因此，每種壓抑都會讓我們思考這樣一個問題：壓抑內心某些運作著的力量，對個體來說有哪些好處？對服從型人格來說，答案有好幾種。但其中的大部分答案，我們只能在討論理想化形象和施虐傾向之時才能理解。我們現在所能理解的是，敵意或敵意的表現會危及他喜歡別人和被別人喜歡的需求。另外，任何攻擊性乃至自我肯定的行為在他看來都是自私的，他自己會譴責這些行為，從而覺得別人也會譴責它們。他不能冒這種被譴責的風險，因為他的自尊太依賴於他人的讚賞了。

壓抑自信心、報復心和野心這樣的情感和衝動還有另一種作用。精神官能症患者為了獲得內心的和諧感和整體感，他必須消除衝突，而壓抑是他為此所做的眾多嘗試之一。渴望內心的和諧統一並不是什麼神秘的欲望。生活中的人不得不有所行動，這種實踐的必然性促發了這種渴求。如果一個人始終被驅使著前往不同的方向，他不僅無法行動，而且會產生一種被分裂的恐懼。賦予某一傾向以優先性，同時壓抑其他與之相矛盾的因素，這是組建人格的無意識企圖。它是消除精神官能症衝突的主要嘗試之一。

至此，我們已經揭示了嚴格稽查所有攻擊性衝動的雙重利益：如果不壓抑攻擊性傾向，服從型患者的整個生活方式會面臨危險，他虛假的和諧會被推翻。攻擊性傾向的破壞性越大，排除它們的必要性也就越緊迫。因此，服從型患者就會矯枉過正，從此不再表現出自己有所需求、不再拒絕任何請求，總是對所有人充滿愛心、總是退居背景處等等。換句話說，服從、平和的傾向被加強了，它們變得更具強迫性，且更加盲目。[5]

當然，這些無意識的努力並不總能達到目的，被壓抑的衝動依然會發揮其作用，堅持其立場。但被壓抑的衝動會以符合其人格結構的方式實現自己的目標。服從型患者會「因為太過痛苦」而提出要求，或者在「愛」的偽裝之下隱密地控制一切。累積的被壓抑的敵意可能突然爆發，表現為偶爾的易怒或大發雷霆，其強度或激烈或舒緩。這些爆發儘管與溫柔親切的形象並不

5 原註：參見本書第十二章〈施虐傾向〉。

吻合，但在爆發者本人看來卻是完全合理的。根據他的前提，他完全正確。因為他並不知道自己對他人的要求是過分的、利己的，他經常情不自禁地感到自己遭受了極為不公的待遇，他因此忍無可忍。最終，如果被壓抑的敵意與盲目的狂怒相結合，就會導致各種功能紊亂，比如頭疼或胃部不適。

因此，服從型人格的大部分特徵都包含雙重動機。比如，一個人退讓的目的是避免摩擦，從而能夠與他人和諧共處，但也可能是抹除自己求勝欲望的所有跡象。一個人允許別人利用他，這可能是順從或「善良」的表現，但也可能是為了迴避自己想要利用他人的欲望。因此，想要克服病態的服從，就必須以相應的順序梳理衝突的兩個方面。我們有時會從保守的精神分析刊物中得到這樣一種印象——「釋放攻擊性」是精神分析治療的核心。這種觀點表明，它不太瞭解精神官能症結構的複雜性，特別是精神官能症結構的變化。「釋放攻擊性」對正在討論的服從型人格有一定的效果，但即便如此，其效果也是有限的。揭示攻擊性驅力的確釋放了它，但如果僅把「釋放」看作目的本身，那這種釋放對個體的發展也很容易是有害的。如果人格從根本上來講是被整合的，那麼緊隨「釋放」，下一步的工作就必須是對衝突的徹底清理。

我們仍需把注意力轉向愛情和性在服從型人格中所扮演的角色。愛情對服從型患者而言似乎是唯一值得追求、值得為之而活的目標。沒有愛情的生活顯得平淡、無用、空洞。借用弗里茲．維特爾斯[6]形容強迫性追求的一句話來說就是：「唯有愛情成為被追逐的幽靈，其他一切都不值一提。」[7]如果沒有愛情提供風味和熱情，人、自然、工作，或一切娛樂和興趣愛好都變得毫無意義。在我們的文化情境中，經常是女人而非男人更明顯地表露出這種對愛的癡迷，這就引發了一種觀點——這種渴求具有特定的女性特質。但事實上，它與女性特質或男性特質毫無關係，既然它是一種非理性的強迫性驅力，它就是一種精神官能症現象。

如果我們瞭解服從型人格的結構，我們就可以明白，為什麼愛情對服從

6 譯註：弗里茲．維特爾斯（Fritz Wittels），一八八〇～一九五〇，美國心理學家。

7 原註：弗里茲．維特爾斯，〈精神官能症患者的無意識幻象〉（Unconscious Phantoms in Neurotics），《精神分析季刊》，第八卷，第二部分，一九三九年。

型患者來說如此重要，為什麼「他的病態中仍顯出條理」[8]。鑒於相互矛盾的強迫性傾向，這實際上是他唯一能用來實現自己所有病態需求的方式。愛情既可以滿足被人喜歡的需求，又能滿足以此支配他人的需求；既能滿足屈居次要地位的需求，又能滿足超越別人的需求（透過伴侶的全心關注）。這就使他得以在正當的、無辜的，甚至是值得稱道的基礎上實現他所有的攻擊性衝動，同時又允許他表現出他擁有的討人喜歡的品格。另外，由於他沒有意識到自己的障礙和痛苦均來自他的內心衝突，愛情就被當作消除所有問題的良方而煥發著吸引力：只要能找到一個愛他的人，一切都會順利。我們很容易說這種希望是荒謬的，但我們也必須理解他的無意識推理中蘊含的邏輯。他想：「我軟弱而無助。這個世界充滿敵意，只要我孤身一人，我的無能為力就是一種危險，一種威脅。但如果我能找到一個人，他（她）愛我勝過愛任何人，我就不再有危險了，因為他（她）會保護我。和他（她）在一起，我用不著表達自己的想法，因為不用我開口要求或解釋，他（她）

8 譯註："There's method in his madness." 語出莎士比亞的《哈姆雷特》。

就會懂得，就會給予我想要的一切。實際上，我的軟弱是一個優點，因為他（她）愛我的無助，而我將依賴他（她）的力量。如果只是為自己做點什麼，我是調動不起積極性的，但只要為了他（她），或者他（她）要求我為我自己做點什麼，我的積極性就會活躍起來。」

讓我以清晰的推理重現他的內心活動，這些內容他可能仔細考慮過，也可能只是感覺到，但也可能是完全無意識的。他想：「對我來說，孤身一人是種折磨。如果沒人與我分享，我就無法享受任何東西。但還有比這更糟的，我感到無所適從，我焦慮。我確實可以在週六的晚上一個人去看場電影或讀本書，但這麼做是恥辱，因為這證明沒人需要我，所以我必須仔細規劃，以免在週六晚上——或者在任何時候——孤身一人。如果我能找到摯愛，他（她）就能幫我從這種折磨中解脫出來，我就再也不會孤單了。到那時，現在覺得毫無意義的一切——無論是做早飯、工作，還是看日落——都將成為樂趣。」

他接著想：「我沒有自信。我總是覺得別人的能力、吸引力和天分都勝我一籌。就連我成功完成的那些事也算不了什麼，因為我不能把它們看作是我的功勞。我那時可能虛張聲勢了，也或者只是運氣。我當然不能確定我是否還能再做一次。如果人們真正瞭解我，他們無論如何都不會需要我的。但是，如果我能找到一個人，他（她）愛真實的我，並認為我是最重要的，我就會成為了不起的人。」無怪乎愛情具有海市蜃樓般的誘惑力。與改變內心的艱難過程相比，服從型患者更偏向於緊緊抓住愛情不放。

除了它的生物性功能之外，性關係本身的價值還在於，它為被人需要提供了證明。服從型患者越是傾向於疏離——害怕陷入感情，或者越是對被愛感到絕望，他就越可能用純粹的性關係替代愛情。性關係似乎成為通往人與人之間親密關係的唯一道路，就像愛情的力量被高估一樣，它也被當作消除一切問題的力量。

如果我們小心避開兩個極端，也就是說既不把患者對愛情的過分強調看作「理所當然」而不加考慮，也不把它當作「病態的」，我們就會發現，服從型患者對愛情和性關係的所有期待，都是符合其生活哲學的邏輯結論。就像我們經常——或者總是——在精神官能症現象中發現的那樣，患者的推理，無論它們是自覺的還是不自覺的，都是無漏洞的，但它們是建立在錯誤的前提之上的。這個荒謬的前提就是，他錯把自己對愛的需要以及與之相關的一切，當作真實的愛的能力，並徹底忽略它的攻擊性和破壞性傾向。換句話說，他無視整個精神官能症衝突。他期望的是，在無須對衝突本身做出任何改變的情況下，那些未解決的衝突帶來的有害結果就能被消除掉。這種期待是所有試圖消除衝突的精神官能症方式的共同特徵。這也是為什麼這些嘗試終將不可避免地歸於失敗。但人們肯定會說，愛情的確是良藥。如果服從型患者足夠幸運，找到了一位既充滿力量又心地善良的伴侶，或者兩者的精神官能症剛好相互匹配，那麼他的痛苦可能在相當大的程度上得以減輕，他可能會得到一定程度的幸福。但一般而言，他期待從中得到人間天堂般的幸福的關係，只會讓他陷入更深的痛苦。他完全有可能將自己的衝突帶進這種關係，從而毀了它。即使是最好的關係，也只能暫時減輕實際的痛苦；除非他的衝突被解決，否則他的個人發展仍然是受阻的。

## NOTE

- 服從型患者感到自己如嬰兒一般被陌生而危險的動物包圍著。這一類型的患者需要被喜歡、被需要、被欲求、被愛；他們需要被接受、被歡迎、被認可、被欣賞；他們需要覺得自己不可或缺、比其他人都重要，特別是對某一特定的人而言；他們需要被幫助、被保護、被關愛、被指引。
- 如果一個人始終被驅使著前往不同的方向，他不僅無法行動，而且會產生一種被分裂的恐懼。賦予某一傾向以優先性，同時壓抑其他與之相矛盾的因素，這是組建人格的無意識企圖。它也是消除精神官能症衝突的主要嘗試之一。

- 如果不壓抑攻擊性傾向，服從型患者的整個生活方式會面臨危險，他虛假的和諧會被推翻。攻擊性傾向的破壞性越大，排除它們的必要性也就越緊迫。因此，服從型患者就會矯枉過正，從此不再表現出自己有所需求、不再拒絕任何請求，總是對所有人充滿愛心、總是退居背景處。
- 在我們的文化情境中，經常是女人而非男人更明顯地表露出這種對愛的癡迷，這就引發了一種觀點——這種渴求具有特定的女性特質。但事實上，它與女性特質或男性特質毫無關係，既然它是一種非理性的強迫性驅力，它就是一種精神官能症現象。
- 如果服從型患者足夠幸運，找到了一位既充滿力量又心地善良的伴侶，或者兩者的精神官能症剛好相互匹配，那麼他的痛苦可能在相當大的程度上得以減輕，他可能會得到一定程度的幸福。但一般而言，他期待從中得到人間天堂般的幸福的關係，只會讓他陷入更深的痛苦。他完全有可能將自己的衝突帶進這種關係，從而毀了它。

# 第四章 對抗他人

攻擊型人格的世界是競技場，適者生存，強者淘汰弱者

在討論基本衝突的第二個方面，即「對抗」他人的傾向時，我們將採用先前的步驟，首先考察攻擊型傾向占主導地位的人格類型。

服從型人格死守「人是善的」這一信念，但在與之相反的事實面前又屢遭挫敗。與之類似，攻擊型人格將「人是惡的」當作理所當然的事實，並拒不承認會有好人。在他看來，生活就是人與人之間的鬥爭，而且「人各爭先，落後遭殃」[1]。就算他承認有例外，他也是極不情願並有所保留的。有時他的攻擊性態度很明顯，但更多時候，它被蒙上了一層溫和、禮貌、公正、人緣好的不實修飾。這種「正面」形象僅是為了私利，代表了一種馬基

1 譯註：“Every man for himself and the devil take the hindmost.”一句諺語。

維利式[2]的權宜之計。然而，一般而言，它是偽裝真實情感和病態需求的合成物。只要別人不質疑他的領導權，他也希望別人相信他是個好人，並為之做一定的善事。在致力於攻擊性目標的同時，他也有著對愛和贊同的病態需求。服從型人格無須這種「正面」形象，因為他的價值觀不管怎樣都與社會和基督教精神所認可的價值相吻合。

攻擊型人格的需求和服從型人格的需求一樣具有強迫性，想要領會這個點，我們就必須認識到，這些需求同樣也是由患者的基本焦慮造成的。必須強調這一點。因為「恐懼」這個因素在服從型人格中如此明顯，但在攻擊型人格類型中卻從未得到承認或被表露出來。攻擊型患者的一切努力，都是為了讓自己變得或顯得有力。

攻擊型人格的需求從根本上來說，源自患者對世界的感受，即世界是達爾文意義上的競技場，適者生存，強者淘汰弱者。患者所處的文化在很大程度上決定了哪些因素對生存最為有利。如果對個人利益的無情追求被當作生

2 編註：源於文藝復興時期，義大利政治哲學家馬基維利的著述，衍申為不擇手段達到目的一種處世之道。

存的最高法則，那麼攻擊型患者的首要需求就是成為**主宰者**之一。主宰的手段是多樣的。他可以直接行使權力，也可以用過度熱情或施人以恩惠的方式間接操控；他還可能更喜歡幕後操控；或憑藉智力——相信透過推理和預見，他可以將一切納入其掌控之內。採用哪種主宰方式一方面由他的天資決定，另一方面也表明，相互衝突的傾向是如何被融合在一起的。比如，如果攻擊型患者同時又具有疏離的傾向，他就會避免直接的控制，因為這會使他與別人的接觸太過密切。如果攻擊型患者對愛有著隱密的需求，他也會採用間接的控制方式。如果他想幕後操控，就意味著他想利用他人來實現自己的目標[3]，而這是施虐傾向的跡象。

隨之而來的需求就是出人頭地，獲取任何形式的成功、聲望和認同。這些奮鬥目標一方面是為了獲得權力，因為在競爭型社會中，成功和聲望會帶來權力；另一方面，外界的肯定和稱讚以及優勢地位，也會帶來主觀上的力量感。就像服從型人格一樣，攻擊型人格的生命重心也在自身之外，區別僅

3 原註：參見本書第十二章〈施虐傾向〉。

在於兩者期待從他人那裡得到不同的肯定。但事實上，兩者生命的重力之源都一樣無效。成功並沒有減輕人們的不安全感。如果人們對此感到迷惑不解，那只暴露了人們在心理學方面的無知，同時也說明，成功和聲望在很大程度上被普遍當作了一種衡量標準。

剝削他人、用計謀勝過他人、使他人為己所用，這種強烈的需求也是攻擊型人格的一個方面。「我能從中得到什麼？」這是攻擊型患者在審視任何處境或關係時——無論它是否與金錢、聲譽、交往或思想有關——採取的立場。他自覺或半自覺地認為這是所有人的做法，因而最重要的就是要比其他人做得更有效。因此，他發展起來的品格與服從型人格相比幾乎正好相反。他變得冷漠而有力，或者給人以這樣的印象。他把包括自己和他人在內的所有感情看作「脆弱的多愁善感」。對他來說，愛的作用是微不足道的。這並不是說他從不「墜入愛河」，從不發生風流韻事，或從不締結婚姻，而是說，他最感興趣的是找一個配偶，這個人必須一看就是值得愛的，他可以借助對方的吸引力、社會聲望或財富鞏固自己的地位。他覺得沒有理由體諒別人。「為什麼我應該關心別人——讓他們自己照顧自己好了。」如果被問及一個古老的倫理問題：一艘船上有兩個人，但只有一人能存活……，他會坦言：「別傻了，也別虛偽，我會努力保住自己的性命。」他討厭承認任何恐懼，並用極致的手段將恐懼情緒置於其控制之下。比如，儘管他害怕強盜，但他會強迫自己待在一個空房子裡；他可能會堅持騎馬直到他克服對馬的恐懼；為了克服對蛇的恐懼，他可能會故意穿越眾所周知有蛇出沒的沼澤。

如果說服從型人格傾向於息事寧人，那攻擊型人格便竭盡全力成為一個好鬥士。他在爭論中顯得機敏而熱烈，並想盡辦法證明自己是對的。當他走投無路、背水一戰時，他反而能達到自己的最佳狀態。與服從型患者害怕贏得競爭不同，攻擊型患者是個輸不起的人，他確鑿無疑地想要贏得勝利。服從型患者隨時準備將責難歸咎於自己，而攻擊型患者隨時準備怪罪別人。但這兩種情況都不包含罪惡感。當服從型患者服罪時，他從不真正認為自己有罪，他只是受制於驅力做出讓步。同樣，攻擊型患者也並不真的認為他人有罪；他只是裝作自己是正確的，因為他太需要主觀確定性這一基石，這就像軍隊需要一個安全據點用以發動攻擊一樣。在他看來，如果在並非絕對必要的情況下承認錯誤，是不可原諒的，這即使不是一種極端愚蠢的行為，也是一種軟弱的表現。

必須與充滿惡意的世界作鬥爭，與這一態度相一致，攻擊型患者發展出一種精明的現實主義或諸如此類的處世態度。他從來不會天真到忽略他人表現出來的任何野心、貪婪、無知，或任何可能妨礙自己目的的東西。因為在競爭型文化中，這些特徵比真正的正派普遍得多，因此他認為自己只是講究實際，並且覺得自己的這種想法完全合理。當然，和服從型人格一樣，他是片面的。他的現實主義還表現為重視謀劃和遠見。就像所有優秀的謀略家一樣，他在任何情況下都會仔細評估自己的機會、對手的力量和可能的陷阱。

因為他總是被驅動著堅稱自己是最強大、最精明，或最炙手可熱的，他就必須發展出與之相稱的效率和謀略。他在工作中傾注了大量的熱情和智慧：如果他是員工，他會得到高度認可；如果他經商，則會生意興隆。他對工作的興趣儘管引人注目，但它在一定程度上會引起誤解，因為對他來說，工作只是達到目的的手段。他並不喜歡自己從事的工作，而且也無法從中得到愉悅——這種情況與他將所有感情排除出自己的生活是一致的。扼殺感情具有雙重效果。一方面，這無疑有利於他的成功，因為這使他能像一台平滑的機器一樣不知疲倦地運轉，而產出的商品能給他帶來更多的權力和聲望。感情在這裡可能只是一種干擾。在感情因素的影響下，他可能會投身一個較少投機機會的行業，或者迴避那些通往成功之路的慣用手段，或者不看重工作，轉而享受大自然和藝術，或尋求友人的陪伴，而不是混跡名利場。但另一方面，扼殺感情會導致情感荒蕪，這必定會對他的工作品質產生影響，也必定會減損他的創造力。

•••

攻擊型患者看起來是一個幾乎沒有絲毫壓抑的人。他能夠堅定地表達自己的願望、捍衛自己的權益、發布命令、發洩憤怒。但事實上，他的壓抑並不比服從型患者少。攻擊型患者的壓抑集中在情感領域，比如交友、愛和同理的能力，以及進行非功利享樂的能力，因為在他看來，非功利的享樂只是浪費時間。但攻擊型人格這些獨特的壓抑本身卻沒有立即引起我們的關注，這只能說明我們的文化並不值得讚賞。

攻擊型患者覺得自己堅強、誠實且現實。如果用他的方式看待問題，他的感覺是真實的。根據他的前提，他的自我評估完全符合邏輯，因為對他來說，冷酷是力量，不為他人著想是誠實，對個人利益的無情追逐是講究實際。他之所以如此看待「誠實」，部分原因在於他精明地揭穿了世間普遍的虛偽。在他看來，對一項事業的熱情、博愛的情懷以及諸如此類的東西都純屬虛偽。對他來說，社會意識或基督教美德都是裝腔作勢，揭露它們並非難事，因為它們原本就如此。他的價值體系是根據叢林法則建立起來的。強權即公理，讓仁慈和憐憫見鬼去吧，人對人是狼。這種價值觀與納粹推崇的價值觀並無二致，當年，納粹曾讓我們對這種價值觀熟稔於心。

攻擊型患者拒絕真正的同情、友善以及它們的假冒品——服從和息事寧人。這個傾向包含他自己的主觀邏輯，但就此假設他分辨不出它們之間的區別那就錯了。當他遇到的人不僅擁有毋庸置疑的善良靈魂，而且還充滿力量，他是能夠認出並加以尊重的。關鍵在於，他認為這方面的識別力太強會損害他的利益。他堅定地認為同情和友善是生存鬥爭中的不利因素。

為什麼他要如此激烈地反對溫柔的人類情感？為什麼他看到他人身上含情脈脈的行為會感到噁心？為什麼當別人向他表達同情時，他會認為不合時宜且滿心鄙夷？有人會驅趕上門乞討的乞丐，因為他們令他糾結，攻擊型患者就是這樣的人。毫不誇張地說，他可能真的會辱罵乞丐；他可能會拒絕對方最簡單的請求，態度之堅決與所求之事極不相稱。這些都是攻擊型患者的典型反應。當攻擊性傾向在分析中變得緩和時，這些反應很容易就能被觀察到。事實上，就他人身上的「溫柔」而言，他的感情是複雜的。沒錯，他鄙視它們，但同時也歡迎它們，因為正是他人的溫柔，縱容他在追求自己的目標時擁有更多的自由。否則，他怎會如此頻繁地被服從型人格吸引——就像服從型患者經常受到他的吸引一樣呢？他的反應如此極端的原因是，他需要與自己內心所有柔軟的情感作鬥爭。尼采為這些心理動力學提供了很好的形象化解釋：他的超人將任何形式的同情都看作第五縱隊[4]，即從內部發起進攻的敵人。對攻擊型人格來說，「溫柔」不僅是真實的愛和同情，還是服從型人格的需求、感情和衡量標準中所暗示的一切。在乞丐的例子中，他可能會起惻隱之心，想要滿足對方的請求，會覺得自己應該提供幫助，但有一種更強大的需求促使他把所有這些情感都驅趕掉，結果就是，他不僅拒絕，而且還辱罵。

4 編註：意指潛伏在內部，裡應外合、進行破壞的敵方間諜團體。

要將相互衝突的驅力融合在一起，這一希望被服從型人格寄託在「愛」上，而攻擊型人格則試圖在「認可」中實現它。「被認可」不僅為他提供他所需要的自我肯定，而且還提供額外的誘惑——被他人喜歡，而他反之也能喜歡他人，因此，「認可」似乎為他提供了消除衝突的方法。正因如此，「認可」成為攻擊型患者為了得到救贖而拚命追逐的幻影。

攻擊型人格的鬥爭邏輯就其內在原則而言，與服從型人格展現出來的邏輯是相似的，因此這裡只做簡要說明。對攻擊型人格而言，任何同情的情感、「善良」的義務或服從的態度，都與他已建立的生存結構不相容，都有可能動搖這個結構的根基。另外，這些對立傾向一旦顯露，他就不得不面對自己的基本衝突，他細心維護的人格結構——為了整合而構建的心理機制就會被摧毀。結果是，對性格傾向中溫和部分的壓抑，進一步強化了攻擊性傾向，並使它們變得更具強迫性。

• • •

現在，如果我們對討論過的兩種人格類型依然印象深刻，那麼我們就能發現，它們代表兩個極端。一種類型所欲求的，正是另一類型所厭惡的。一種類型必須喜歡所有人；另一類型則把所有人當作潛在的敵人。一種類型不惜一切代價地迴避爭鬥；另一類型則認為鬥爭是人的自然本性。一種類型依賴恐懼感和無助感；另一類型卻試圖對它們不屑一顧。一種類型努力接近人道的理想，儘管是病態的；另一類型則崇尚叢林哲學。但是，這兩種人格類型從來都不是一個人的自由選擇：兩者都受制於內心的必然需求，都是強迫性的，不可變通的。兩者之間沒有可交會的中間地帶。

現在，我們可以著手挖掘與基本衝突相關的東西了，因為對人格類型的描述已經為它做好了準備。到目前為止，我們已經發現基本衝突的兩個層面，它們分別作為主導傾向，在兩種人格類型中發揮作用。我們現在要做的就是想像一個人，在他身上，兩種完全對立的態度和價值體系同時運作、力量均等。這個人會被不可逆轉地驅向兩個截然相反的方向，以至於他幾乎無法行動。這一點還不清楚嗎？事實上，他會被分裂並陷入麻木狀態，毫無行動能力。正是為了努力排除其中一套體系，他才陷入我們所描述的特定人格類型，這種努力是他試圖消除衝突的方法之一。

在這種情況下，像榮格那樣只討論片面的發展顯然是不夠的。榮格的觀點最多也就是一種陳述，具有形式上的正確性。因為它建立在對心理動力學的錯誤理解上，其含義是錯誤的。當榮格從片面性概念出發，繼而提出必須幫助患者在治療中接受他的對立面時，我們要問：這怎麼可能？患者無法接受對立面，患者只能辨識它。如果榮格期待這個措施能使患者成為一個完整的人，我們的回答將是：這一措施對最終的人格整合來說是必需的，但就其本身而言，它意味著患者必須直接面對他的衝突，而這正是患者極力迴避的。榮格沒能正確評估精神官能症傾向的強迫性性質。在「迎合」和「對抗」這兩種態度之間，並不僅僅是軟弱和有力的區別，也不是如榮格可能會說的——女性特質和男性特質的區別。**我們所有人都具有潛在的服從和攻擊傾向**。但如果一個人沒遭到強迫性驅力的控制，而且又足夠努力，他是可以達到一定程度的完整性的。但是，如果這兩種傾向都已經發展為精神官能症，那麼它們對人的成長來說都是有害的。兩個不受歡迎的事物相加，不會構成一個受人歡迎的整體，同樣，兩個互不相容的因素相加也不會構成一個和諧的實體。

**NOTE**

- 服從型人格死守「人是善的」這一信念，但在與之相反的事實面前又屢遭挫敗。與之類似，攻擊型人格將「人是惡的」當作理所當然的事實，並拒不承認會有好人。在他看來，生活就是人與人之間的鬥爭，而且「人各爭先，落後遭殃」。

- 與服從型患者害怕贏得競爭不同，攻擊型患者是個輸不起的人，他確鑿無疑地想要贏得勝利。服從型患者隨時準備將責難歸咎於自己，而攻擊型患者隨時準備怪罪別人。
- 攻擊型患者看起來是一個幾乎沒有絲毫壓抑的人。他能夠堅定地表達自己的願望、捍衛自己的權益、發布命令、發洩憤怒。但事實上，他的壓抑並不比服從型患者少。攻擊型患者的壓抑集中在情感領域，比如交友、愛和同理的能力，以及進行非功利享樂的能力，因為在他看來，非功利的享樂只是在浪費時間。
- 攻擊型患者拒絕真正的同情、友善以及它們的假冒品——服從和息事寧人。
- 在「迎合」和「對抗」這兩種態度之間，並不僅僅是軟弱和有力的區別，也不是如榮格可能會說的——女性特質和男性特質的區別。我們所有人都具有潛在的服從和攻擊傾向。

# 第五章　迴避他人

與他人保持情感距離，是迴避型患者至關重要的內心需求

基本焦慮的協力廠商就是對疏離的需求，即「迴避」他人。當疏離成為主導傾向時，它便構成一種人格類型，但如果要考察這一類型的患者身上的疏離傾向，我們必須先瞭解什麼是病態的疏離。很顯然，它不僅僅是希望偶爾獨處的問題。任何對自己和生活持嚴肅態度的人偶爾都會想要獨處。我們的文化令我們深陷生存的外部表象，因而我們很少理解這種需求。但不同時代的哲學和宗教都強調，獨處為自我實現提供了可能性。渴望富有意義的獨處絕不是病態。反之，大部分精神官能症患者在面對自己的內心深處時都退縮不前，而無力面對有所助益的獨處本身，就是一種精神官能症跡象。只有

當一個人覺得與人相處是一種無法忍受的壓力，而獨處成為他迴避壓力的主要手段時，他對獨處的渴望才是病態的。

有些特徵常見於高度疏離者身上，因此精神病學家傾向於認為，這些特徵為迴避型人格所獨有，其中最明顯的就是對人的普遍疏遠。事實上，迴避型人格對人的疏遠，並不比其他精神官能症患者更嚴重，但它之所以引起我們的注意，是因為迴避型患者會刻意強調它。比如，就我們討論過的兩種人格類型而言，我們很難確定哪種類型更具疏遠他人的特徵。我們只能說，在服從型人格中，它被掩蓋了。當服從型患者發現自己有疏遠他人的傾向時，他會感到既驚訝又害怕，因為他對親密關係的熱切需求使他迫切地想要相信，自己和他人之間沒有距離。總之，**疏遠他人**是人際關係障礙的標誌，它存在於所有精神官能症中，疏離的程度更多地取決於障礙的嚴重性，而不是精神官能症的特定表現形式。

與自身的疏離，即對情感體驗的麻木，被認為是迴避型人格所獨有的另一個特徵。迴避型患者對他本人，他的好惡、渴望、恐懼、怨恨和信念都感到不確定。這種**自我疏離**同樣也是所有精神官能症共有的特徵。任何人，只要在一定程度上是精神官能症，他都會像一架被遙控的飛機，必然失去與自身的聯繫。但迴避型患者很像海地傳說中的殭屍[1]，死了，但被魔法復活；他們可以像活人一樣工作、行動，卻沒有生命。其他人格類型擁有相對豐富的情感生活。由於自我疏離具有不同的變異形式，我們不能將自我疏離看作是迴避型人格所獨有的。但迴避型人格的自我疏離有著某種共性：他們能用一種客觀的興致觀看自己，就像人們觀看藝術品一樣。描繪這種現象的最佳方式或許是——他們對自己和生活本身都報以相似的**旁觀者**姿態。因此，他們可能經常是自己心理過程的優秀觀察者。一個突出的例子就是，他們頻頻表現出對夢的象徵意味的神秘理解。

與他人保持情感距離，是迴避型患者至關重要的內心需求。更確切地說，迴避型患者自覺或不自覺地決定，他在任何情況下都不會與人產生情感

1 編註：西洋「殭屍」（喪屍，Zombie）之概念，起源於十七～十八世紀海地流行的巫毒信仰。

聯繫，無論是出於愛、爭鬥、合作，還是競爭。他們在自己的周圍畫了個魔法圈，誰也無法進入。這也是為什麼在表面上他們與人相處甚好，但世界的干擾會令他們焦慮，而這正反映出他們對疏離的需求是強迫性的。

迴避型患者後天形成的心理需求和品格，都是為了滿足「不介入」這一主要需求。其中最顯著的就是實現「自給自足」。「自給自足」最積極的表現就是足智多謀。攻擊型患者也傾向於足智多謀，但性質不一樣。對攻擊型人格來說，這是在充滿敵意的世界上奮力拚搏、戰勝他人的先決條件。而對迴避型人格來說，它類似於魯賓遜・克魯索（Robinson Crusoe）[2]的精神——為了生存他必須足智多謀，這是他應對孤立處境的唯一方式。

迴避型患者會自覺或不自覺地限制自己的需求，以便實現自給自足這一目的，但這種方法更不可靠。為了實現自給自足，患者會採用不同的方式，想要更好地理解這些方式，我們應該注意，自給自足的潛在動機是絕不與任何人或物聯繫過密以致割捨不掉，因為那是對「超然離群」的妨礙。最好了

2 編註：《魯賓遜漂流記》（*Robinson Crusoe*）之中的主角。

無牽掛。比如，一位疏離者事實上有享樂的能力，但如果享樂在一定程度上要依賴他人，他就寧可放棄。偶爾與朋友共度一晚會讓他感到愉快，但他討厭一般性的群體活動和社交集會。同樣，他迴避競爭、聲望和成功。他有意將自己的飲食和生活習慣限制在一定的水準上，這使他無須花費太多時間和精力掙錢來為它們買單。他可能非常討厭生病，並把生病當作一種恥辱，因為這迫使他必須依賴他人。對任何領域的知識，他可能都堅持由自己直接獲取，而不是遵照別人的書寫和言說。比如有關俄語和俄羅斯這個國家的知識，如果他是一位外國人，他寧可親自去聽一聽、看一看。如果不把這種態度發展到荒謬的程度，比如在一個陌生的地方拒絕問路，那麼它會帶來極大的內心獨立。

另一個顯著的需求就是**隱私**。他就像在旅館中很少摘掉「請勿打擾」牌子的那種人。甚至書本都有可能被當作入侵者，當作來自外部的某種東西。任何問及他個人生活的話題都會令他震驚，他常常將自己籠罩在神秘的面紗之下。一位患者曾告訴我，四十五歲的他依然對上帝全能這一思想充滿反感，其程度並不亞於他母親當年告訴他，上帝可以從百葉窗中看到他啃指甲。這位患者對他生活中最瑣碎的細節都守口如瓶。如果他人對迴避型患者太過「裝熟」，他可能會非常生氣——他覺得自己遭到了粗暴無理的對待。一般而言，他喜歡獨自工作、學習、吃飯。與服從型患者截然不同，他不喜歡分享任何經驗——其他人會干擾他。即使他與他人一起聽音樂、散步或交談，他也只在事後的回顧中才能體會到樂趣。

自給自足和隱私都是為了滿足他的最高需求，即完全的獨立。他認為自己的獨立具有積極價值。毋庸置疑，它是有這種價值。不管迴避型患者有哪些缺點，他絕不是順從的機器人。他拒絕盲目附和、遠離競爭，這的確賦予他某種誠實的品格。但錯誤在於，他把獨立看作目的本身，而忽略了獨立的價值最終取決於他用獨立來做些什麼。他的獨立是其疏離傾向的一部分，兩者有著相似的消極目的：獨立是為了不受影響、不被鉗制、不被束縛、不承擔責任。

和其他精神官能症傾向一樣，迴避型患者對獨立的需求是強迫性的、不加區分的。對任何類似於壓力、影響和義務的東西，他都表現出高度敏感。一個人的敏感程度，可以很清楚地反映出其疏離傾向的強烈程度。什麼東西被感受為一種約束，這是因人而異的。領子、領帶、腰帶、鞋子等帶給身體的壓力，可能會被感受為一種約束；視野受阻可能會產生被限制的感覺；身處隧道或礦井可能會導致焦慮。這方面的敏感並不能充分解釋幽閉恐懼症，但它至少是產生幽閉恐懼症的背景。長期的義務也會被感受為一種約束，要盡可能回避：簽一份合約，簽訂超過一年的租約、結婚，這些都是難事。對迴避型患者而言，結婚無論如何都是一個不保險的提議，因為它涉及人際間的親密關係，儘管對保護的需要，或相信伴侶與他性情相投，這些都可能降低風險；但在婚姻生活臻於完善之前，恐慌會頻繁發作。在很大程度上，時間因為不可改變也會被體驗為一種鉗制。上班一定會遲到五分鐘，這一習慣可能就是為了保持一種自由的幻覺。時刻表也會構成一種威脅，迴避型患者喜歡這樣的逸事：一個人從來不看列車時刻表，他喜歡在自己方便的時候去車站，在那裡等候他要搭乘的車。在做事或行為方式方面，他人的任何期待都會讓超疏離患者感到不自在，從而激起他的反抗意識，不管這種期待是真實表露的，還是僅僅只限於假設。他通常喜歡贈人禮物，卻可能忘記給人送生日或耶誕節禮物，因為他覺得這是別人對他的期待。迴避型患者排斥公認的行為規則和傳統價值體系。為了避免衝突，他可能表面上遵守，內心卻固執地拒絕一切傳統規則和標準。最後，他人的建議在他看來也是一種控制，即使建議與他自己的願望相一致，他也會激烈抗拒。在這種情況下，對建議的抵制也夾雜著挫敗他人這一自覺或不自覺的願望。

對優越感的需求雖是所有精神官能症共有的，但此處仍需加以強調，因為它與超脫有著本質關聯。「象牙塔」和「莊嚴的孤立」這樣的措辭證明，即使在日常用語中，超脫幾乎總是和優越感聯繫在一起。很可能，一個人如果不是特別強大、聰明，或覺得自己特別重要，他是不可能忍受孤立狀態的。臨床經驗證實了這一點。因具體的失敗或內心衝突的加劇，迴避型患者的優越感暫時遭到破壞，他將無法忍受孤獨，並可能瘋狂地尋求愛和保護。在迴避型患者的一生中，他可能會頻繁地在這兩種態度間來回遊移。在十幾歲或二十出頭的年紀，他可能有一些不冷不熱的友誼，但生活方式總體來說相當孤立，但他相對而言覺得很自在。當他表現突出時，他會為未來編織種種幻象。但隨後，這些夢想在現實面前觸礁了。儘管在高中他還是毋庸置疑地名列前茅，但進入大學，他遇到激烈的競爭，並在競爭面前畏縮不前。他第一次戀愛的嘗試失敗了。另外，隨著年齡的增長，他意識到自己的夢想不切實際。因此，遺世獨立變得無法忍受，他被強迫性驅力刺激著追求人際間的親密、性和婚姻。只要他能被愛，他願意向任何侮辱屈服。當這種患者前來尋求心理治療時，他的迴避傾向依然明顯，卻很難處理，因為他唯一的願望就是在分析師的幫助下找到愛，不管是哪種形式的愛。只有當他覺得自己在相當程度上更強大了，他才會如釋重負地發現，自己真正想要的是「獨自生活並享受它」。人們會覺得，他只是又回復到先前的疏離狀態。但事實上，此時此刻才是他第一次在足夠堅實的基礎上向自己承認——獨處才是他想要的。此時此刻才是治療他病態疏離的適宜時機。

迴避型患者的優越感有著自身的特殊性。因為痛恨競爭，他不想透過持續的努力贏取實際的勝利。他寧可認為，無須他努力或採取任何行動，他內在的優點和潛在的高貴就應該被發現並認可。在他的夢境中可能會出現這樣的畫面：他將大量珍寶藏在偏遠的村子裡，鑒賞家們則遠道而來一睹為快。和所有與優越感有關的念頭一樣，這個畫面也包含一個現實的因素：藏起來的珍寶象徵著他的智力和情感生活，它們被置於他設立的魔法圈內，得到嚴密保護。

他優越感的另一種表現是，他覺得自己獨一無二。這個想法直接源自他將自己與他人區別開來的願望。他可能會把自己比作一棵孑然佇立於山頂的樹，而森林中的樹則相互妨礙，難以自由生長。面對他人，服從型患者會暗自思忖：「他喜歡我嗎？」攻擊型患者則揣測：「這個對手有多強？」或：「他對我有用嗎？」迴避型患者關心的首要問題則是：「他會妨礙我嗎？他是想影響我還是不打擾我？」如果迴避型患者被拋入人群，他會感到極大的恐懼，培爾．金特[3]路遇鈕扣匠的一場戲就完美再現了這種恐懼。培爾．金特覺得，如果自己在地獄中占有一席之地倒也挺好，但一想到要被丟進熔爐，被重鑄或改造成另外一個人，他就萬分恐懼。他覺得自己就像一塊稀有的東方地毯，圖案和色彩搭配都獨一無二，永遠不可替代。外部環境的影響會消除他與別人的區別，他為自己能一直保持不受它的束縛而倍感自豪，並決定繼續保持下去。因為珍愛「不可改變」這一品格，他把所有精神官能症固有的僵化提升為一種神聖的原則。由於他願意甚至熱切希望精心打磨自己的圖案，使它變得更純粹、更清晰，他堅持不讓任何外在的東西摻入。培爾．金特的格言「你自己足矣」就是對於這種單純性和不充分性的堅持。

3 譯註：易卜生（Henrik Johan Ibsen）戲劇作品《培爾．金特》（*Peer Gynt*）的主角。

• • •

迴避型患者的情感生活與另外兩種人格類型的情況並不一樣。在迴避型人格中，其情感有更多具體的變化形式，這主要是因為，在其他兩種人格類型中，它們的主導傾向都指向積極的目標：**服從型人格指向感情、親密和愛；攻擊型人格指向生存、控制和成功。但迴避型人格的主導傾向卻指向消極的一面：他不想介入、不需要任何人，不允許他人干擾或影響他。**他的情感欲望正是在這種消極的心理框架中發展起來，或有機會存留的，而且，這些欲望也只有極少數能得到清晰的表露。他的情感模式就取決於他情感欲望的獨特性。

迴避型人格的普遍傾向就是壓抑所有情感，甚至拒絕它們的存在。此處我引用詩人安娜・瑪麗亞・阿米（Anna Maria Armi）未出版的小說中的一段文字，它不僅簡明扼要地描繪了這種傾向，而且還呈現了迴避型人格的其他典型態度。主角在追憶其青少年時代時說：「我能夠想像一種強而有力的物質紐帶（就像我和我父親之間的）和一種強有力的精神紐帶（就像我和我的那些英雄們之間的），但我不明白感情是從哪裡又是怎樣進入這種紐帶的。很簡單，感情不存在——就這一點，人們在說謊，就像他們在別的許多事上都說謊一樣。B嚇壞了，她問：『那你怎麼解釋犧牲？』有那麼一會兒，我被她話中的誠實嚇到了。但我還是拿定主意，認為犧牲只是謊言的一種，如果它不是謊言，它要麼是物質行為，要麼是精神行為。在那個時候，我就嚮往獨自一人生活，永遠不結婚，要讓自己變得強壯而平靜，不用說太多話，無需別人的幫助。我想完全靠自己，想讓自己越來越自由。為了看得透澈、活得清醒，我寧可放棄夢想。我覺得道德沒有意義，只要你絕對真實，成為好人或壞人沒有任何區別。最大的惡是尋求同情和期待幫助。靈魂對我來說就像神殿，神殿裡總在舉行奇特的儀式，只有神殿的祭司和管理者才能理解。神殿必須得到保護。」

這種對情感的拒絕主要指對他人的感情，它不僅包括愛，也包括恨。迴避型患者需要保持與他人之間的情感距離，拒絕情感就是這一需求的邏輯結果，因為有意識地體驗到強烈的愛或恨都會拉近他與他人的距離，或招致他們之間的衝突。H．S．蘇利文[4]的「距離機器」（distancemachinery）這一概念在此處是適用的。但它並不一定意味著情感在人際關係之外的領域也會被壓抑；在書本、動物、自然、藝術、食物等方面，情感或許會變得活躍。但這種拒絕的確存在全面抑制情感的危險。對一個能夠體驗深刻而強烈情感的人來說，如果想在不壓抑全部情感的情況下對情感的某一部分——最關鍵的部分——進行抑制，這是不太可能的。這只是一種推測，但下面的論述卻是事實：有些迴避型藝術家，他們在創造時不僅能深切體驗情感，還能表達情感。但這些藝術家通常都經歷過這樣的階段（通常在青少年時期）——要麼情感完全麻木，要麼強烈地拒絕所有情感，就像引文中所描述的那樣。在建立親密關係的嘗試慘遭失敗之後，他們故意或自發地決定將自己的生活調

4 譯註：H．S．蘇利文（HarryStack Sullivan, 1892-1949），美國心理學家。

整至疏離模式，即他們自覺或不自覺地決定保持與他人的距離，或者安於一種離群索居的生活。此刻，他們的創造期似乎來臨了。一旦保持與他人的安全距離，他們便可以釋放並表達大量與人際關係沒有直接關係的情感，這一事實足以證明：為了實現他的疏離，早期對所有情感的拒絕是必需的。

被壓抑的情感在人際關係之外可以得到釋放。在討論「自給自足」這一需求時，我們已經涉及形成這種現象的原因之一。對迴避型患者來說，任何促使他依賴於他人的欲望、興趣或享樂，都是對內心的背叛，並因此遭到抑制。這就好像，他必須先從「是否會喪失自由」這個立場仔細檢測某一處境，然後才決定能否讓情感在這個情境中有效發揮。對獨立的任何威脅都會導致他情感上的退卻。但當他發現某一處境在這方面非常安全，他就能充分享受它。梭羅的《湖濱散記》就是一個很好的例子——只要符合上述條件，一種深刻的情感體驗仍是可能的。由於擔心對某種享樂太過依賴，或這一享樂會間接侵犯他的自由，迴避型患者有時會近似於禁欲主義者。但這種禁欲不是為了忘我或苦修，它有自身的意義。考慮到它的前提，我們不妨稱它為自律，而且它並不缺少智慧。

擁有自發的情感體驗，對精神平衡來說是至關重要的。因此，創造力可能就是一種救贖。如果透過分析或其他體驗，迴避型患者身上被抑制的創造能力得到釋放，他由此獲得的助益如此之大，以至於這看起來就像是一個治癒奇跡。但在評估這種治療效果時需要謹慎。首先，將這種治療效果普遍化是錯誤的：對這位迴避型患者而言屬於救贖的治療方式，對另一患者並不必然有同樣的效果。[5]即便對他本人來說，他也不能嚴格說是「治癒了」，因為精神官能症的基本因素並沒有得到徹底改變。創造力的釋放只是帶給他一種更滿意、更平靜的生活。

對迴避型患者而言，當情感抑制越嚴重，他就越有可能強調智力，他會期待任何事情都可以透過純粹的理性力量得到解決。這就類似於如下觀點：對問題的理解本身就足以解決問題，或者理性本身，便足以解決世界上的所

5 原註：參見丹尼爾・施耐德（Daniel Schneider），《精神官能症模式的遷移：創造性控制和性權力》（*The Motion of the Neurotic Pattern; Its Distortion of Creative Mastery and Sexual Power*），於醫學院宣讀的論文，一九四三年五月二十六日。

有麻煩。

根據我們對迴避型患者的人際關係之討論，我們清晰地發現，任何親密且持久的關係都必然會妨礙他的疏離，因而可能都是災難性的——除非他的同伴也是疏離的，並因而自願尊重他對距離的需要，或他的同伴能夠且願意為了其他原因適應這種需要。索爾維格[6]就是這種同伴的典範，她一心一意愛著培爾．金特，卻從不期待從培爾．金特那裡得到任何回報，只是耐心地等待他的回歸。對培爾．金特而言，如果索爾維格對他有所期待，他定會感到驚恐萬分，其程度不亞於自己情緒失控時感到的恐懼。通常情況下，迴避型患者意識不到自己的付出是多麼少。他自認為，他已經把對他而言極其珍貴的情感賜予了對方，儘管那些情感他從未表達過，而且也已經消退了。只要情感距離得到充分保證，迴避型患者或許有能力在相當程度上保證持久的忠誠。他也可能產生熱烈但短暫的情感關係，但這些關係是脆弱的，他在這些關係中來去匆匆，任何因素都可能加速他的逃離。

6 編註：《培爾．金特》劇中的女主角。

性關係對迴避型患者來說可能非常重要，因為這是他與他人之間的一座橋樑。但只有當這些關係是暫時性的，且不會干擾他的生活時，他才會喜歡它們，就好像它們應該被限制在專為這種風流韻事開設的包廂裡。另外，他可能擺出一種彬彬有禮的冷漠，不允許任何冒犯。最終，真實的性關係可能被純屬想像的性關係所替代。

在分析過程中，迴避型人格的所有特徵都會顯露出來。自然，迴避型患者厭惡分析，因為這的確可能是對他私人生活最大限度的侵犯。但他也會樂於觀察自己，而且分析為他複雜的心理歷程鋪展出更為廣闊的圖景，這也令他著迷。他可能會對夢的藝術特質或自己的自由聯想能力感興趣。他有著與科學家相似的樂趣，即為自己的假設尋找證據。他很賞識分析師的關心和指導，卻憎惡「被強迫」面對某些他沒有預見的問題。他會經常提及分析中的建議是危險的，儘管事實上，這些建議的危險性對他遠比對其他人格類型來得小，因為他全副武裝地反抗「影響」。但他捍衛自己立場的方式並不是理性的，因為他並不徹底檢驗分析師的建議，而是習慣使然。只要這些建議與他對自己和生活所持的觀點不相吻合，他就會不加考慮地禮貌拒絕。分析師希望他無論如何要做出改變，但他覺得這一點尤其令人反感。當然，他希望去除所有令他不安的東西，但就其自身人格而言，他不想做出任何改變。他始終願意自我觀察，也在無意識中希望自己永不改變。他之所以如此對待分析，原因之一就是他抗拒所有的影響，但這並非最深層的原因，對此，我們隨後將會有更多的瞭解。自然，他也會在自己與分析師之間拉開很大的距離。分析師在很長時間內只是一個聲音。心理分析的情境如果出現在他的夢中，那就可能顯現為兩位記者在打長途電話，而且兩人身處不同的大陸。乍看之下，這種夢境似乎只是精確再現了能被察覺的某種態度——迴避型患者保持與分析師及分析過程的距離。但由於夢境不僅描述現存的情感，而且還尋求某種解決，因而這個夢境的深層含義是一種願望的表達，即遠離分析師和整個分析過程——無論如何都不讓分析觸及自身。

迴避型患者對待分析的最後一個特徵是，一旦他的獨立受到威脅，捍衛它的力量會極其強大，這一特徵在分析期間和分析之外都能觀察得到。對每種精神官能症態度而言，這種情況都可能會發生。但迴避型人格對獨立的捍衛似乎更加頑強，它幾乎成了一場調動所有可用資源的生死搏鬥。其實，在他的獨立遭到威脅之前的很長一段時間，這場戰鬥已經以一種安靜的破壞性方式開始了。戰鬥的步驟之一就是不讓分析師知道底細。如果分析師想要讓患者相信，他和患者之間存在某種關係，因而他可以指出患者頭腦裡可能正在想些什麼，患者就會謙恭但多少有點處心積慮地加以否認。患者充其量只會就分析師本人表達一些自己的理性思考，即使出現一種自發的情緒反應，患者也不會繼續深入。

另外，任何涉及人際關係的分析都會遭到頻繁的、根深蒂固的抗拒。患者的人際關係一直處於曖昧不明的狀態中，分析師經常很難瞭解其實情。這種頑抗是可以理解的。

在人際關係上，迴避型患者一直以來都維持著一種安全距離，對人際關係的討論只會令他不安，對這個問題的反覆探測可能會遭到他的公開質疑：難道分析師想讓患者成為社交達人嗎？（這對他來說是令人不齒的。）隨後，如果分析師成功地向患者展示了「疏離」的某些具體缺陷，患者就會感到害怕並變得易怒。在這個時候，他可能會考慮放棄分析。在分析情境之外，他的類似反應可能會更加激烈。這個平時安靜、理性的人，一旦他的疏離和獨立遭到威脅，他可能就會被憤怒控制，變得粗暴無禮。對迴避型患者來說，只要一想到自己必須真正參與某個活動或專業團體，而不是僅僅交個會費便了事，他們就可能感到實實在在的恐慌。即使真的參與了，他們也會盲目地到處尋找解脫的機會。他們比身陷囹圄的人更精於尋找逃生手段。就像一位患者曾經說過的，如果必須在愛情和獨立之間選擇，他們會毫不猶豫地選擇獨立。

這就引發了另一個觀點：為了捍衛他的獨立，他們不僅願意用盡一切手段，而且還願意付出任何代價。迴避型患者會有意識地忽略或無意識地自動壓抑自己的欲望，只要這些欲望可能干擾他的獨立。這使迴避型患者既喪失了外部的有利因素，也放棄了自己的內在價值。

• • •

被如此激烈捍衛的東西必定有著莫大的主觀價值。只有意識到這一點，我們才可能認識疏離的功能，並最終為臨床治療提供幫助。我們已經發現，任何對待他人的基本態度都有著自身的積極價值。在「服從」型態度中，人們為自己與世界創造了一種友好的關係。在「攻擊」型態度中，他全副武裝以便在社會競爭中生存下來。而在「迴避」型態度中，他希望獲得某種真誠和寧靜。事實上，對於人的發展來說，這三種態度都是可取的，而且是必要的。只有當它們以一種病態的方式出現並運作時，它們才是強迫性的、僵化的、不加選擇的，而且是相互排斥的。這在相當程度上減損了它們的價值，但不會使它們完全失去價值。

從疏離中得到的收穫事實上是相當大的。在所有的東方哲學中，超脫都是值得追求的目標，因為它是崇高精神的發展基礎。當然，我們不能把這種抱負與病態的疏離相提並論。前者是一種自願選擇，是通往自我實現的最佳途徑，選擇這一途徑的人如果願意，完全可以用另一種方式生活。但病態的疏離不是出於選擇，而是出於內在的強迫性，是唯一可能的生活方式。儘管如此，人們還是可以從病態疏離中獲得某些類似於前者的益處，但益處究竟有多大，這主要取決於精神官能症發展過程的嚴重程度。

首先，雖然精神官能症具有破壞性力量，但迴避型患者仍然可能保持一定程度的真誠。在一個人際關係整體而言是友善、誠實的社會中，這一品質幾乎算不上什麼。但在一個有著太多虛偽、不誠實、嫉妒、殘忍和貪欲的社會中，一個真誠卻不堅強的人便很容易感到痛苦；與他人保持距離有助於維護這一品格。其次，因為精神官能症通常會使患者喪失內心的平靜，而疏離可以提供一條重歸寧靜的林蔭之道，這條道路能延展多遠，則取決於他願意為此做出多少犧牲。再者，疏離賦予他一定程度的原創性思維和感受，但前提是，在他的魔法圈內，其情感生活還沒有全部沉寂。最後，如果迴避型患者具有一定的創造能力，上述這些品格，加上他與世界之間的靜觀式關係，以及相對而言的不受干擾，他的創造能力會得到更長足的發展和表達。

儘管收穫頗多，但它們似乎也不是誓死捍衛他的獨立的主要原因。事實上，即使由於某種原因，疏離帶來的收穫很小，或收穫被隨之而來的各種障礙所遮蔽，迴避型人格對自我孤立的捍衛依然是竭盡全力的。這一發現將我們引入了問題的更深層次。如果將迴避型患者拋入與他人的親密接觸中，他可能很容易垮掉，通俗地說就是精神崩潰。此處我特意選擇「精神崩潰」這一詞彙，因為它包含了各種不同的障礙——功能紊亂、酗酒、自殺傾向、憂鬱、喪失工作能力、精神病發作。迴避型患者習慣將精神障礙與發生在「崩潰」之前的某個令人不安的事件聯繫起來，精神病醫生有時也會這麼做。

警官不公正的歧視、丈夫拈花惹草和欺瞞、妻子神經質的大吵大鬧、同性戀遭遇、在大學裡受到冷落、先前有人遮風擋雨如今卻必須自力更生等，這些事件都可能導致崩潰。準確地說，這些事件與「崩潰」有著密切關聯，治療師必須嚴肅對待，並試著理解特定困難會在患者身上引發哪些特定後果。但只做這些還不夠，因為問題依然存在：為什麼患者受到的影響會如此強烈？為什麼一個並不比普通挫折和煩惱更嚴重的困難，會讓他陷入心理失衡的危機？換句話說，即使分析師瞭解患者應對特定困難的方式，他也仍需要瞭解，為什麼在刺激和其效果之間存在如此明顯的不均衡？

這些問題的答案表明這樣一個事實——迴避型人格所涉及的精神官能症傾向與其他精神官能症傾向一樣，它們的正常運作能給患者帶來安全感；反之，一旦它們運作失敗，焦慮就會出現。迴避型患者只要能與他人保持一定的距離，他就會感到相對安全；如果因某種原因，魔法圈被穿透了，他的安全就受到了威脅。考慮到這一點，我們就能更深入地理解，為什麼一旦迴避型患者無法在自己與他人之間保持一定的情感距離，他就感到驚慌失措。另外，我們還應該指出，引發巨大恐慌的另一個原因是，他沒有應對生活的技巧，他唯一能做的好像就是保持距離、迴避生活。正是由於疏離的這種負面性質，迴避傾向具有了不同於其他精神官能症傾向的心理色彩，具體而言就是，身處困境的迴避型患者既不能做出讓步，也不能反抗，既不合作也不發號施令，既沒有愛也不冷酷無情。他就像毫無防備的動物，應對危險的唯一方式就是逃避和躲藏。在他的自由聯想或夢境中會出現相應的畫面和類比：他像錫蘭的俾格米人[7]，只要躲在森林中就不會被發現，然而一旦現身就很容易被吃掉；他像一座中世紀城鎮，依賴一堵城牆的保護，一旦城牆被攻破，城鎮就毫無禦敵之力。一般來說，這類處境完全可以證明，他對生活感到焦慮是合理的。這也有助於我們認知到，他的疏離是一種全方位的保護，他必定緊抓不放，誓死捍衛。所有的精神官能症傾向從根本上來說，都是防衛方式，但其他傾向也包含積極應對生活的嘗試。當迴避成為主導傾向

7 編註：指身材矮小的原住民族。

時，它便會使得患者在面對實際生活時如此無助，因而防衛逐漸成為他最突出的性格。

但是，如此堅決地捍衛迴避傾向還有更深一層的含義。對獨立的威脅、「攻破城牆」不只意味著暫時性的恐慌，它還可能導致精神病發作，從而產生人格的分裂。在分析中，當疏離感開始搖搖欲墜，患者不僅被不安籠罩著，而且還會直接或間接地表現出明顯的恐懼。比如，最初的恐懼是，他害怕被淹沒在無形的人群之中，失去自己的唯一性。其次，他害怕充滿攻擊性的人會控制和利用他，他卻無能為力，而這是他徹底喪失防衛的必然結果。最後，他害怕發瘋。瘋狂的跡象可能會非常清晰，因此患者需要確鑿的安全感以消除這種可能性。發瘋在這一語境中並不意味著狂怒，也不是為了逃避責任而做出的無意識反應，而是對一種具體恐懼的直接表達，即害怕被直接撕裂，這一恐懼經常出現在他的自由聯想和夢境之中。這意味著，放棄迴避傾向就會使他直接面對自身的衝突，而他沒有能力從這些衝突中倖存。

一位患者曾這麼說過：他只能被撕裂，就像一棵樹遭到雷擊。這種恐懼得到了其他觀察結果的證實。高度疏離的人對於內心衝突的想法有著幾乎不可克服的反感。他們會在分析過後對分析師說，在談起衝突的時候，他們並不知道分析師在說什麼。當分析師成功地向他們展示他們的內心衝突時，他們會用令人驚訝的技巧，不易被察覺地避開話題。在他們準備好接受衝突的存在之前，如果無意間對衝突有了瞬間的認知，他們就會陷入嚴重恐慌。隨後，當他們在更為安全的基礎上逐步辨認出衝突時，疏離的姿態反而會變得更加明顯。

因此，我們就得到一個初看令人困惑的結論。疏離是基本焦慮的內在組成部分，同時也是對基本焦慮的防衛。但只要我們更加具體一點，這個謎題就會自行解開。疏離是對基本焦慮中另外兩個更加活躍的因素的防衛。在此，我們必須重申，主導性的基本態度，不會妨礙其他相互矛盾的態度的存在和運作。與另外兩種人格類型相比，我們能在迴避型人格中更清楚地看到矛盾力量的運作。首先，迴避型患者一生的努力，看起來經常是相互矛盾的。在他明確接受迴避型人格之前，他經常會經歷服從和依賴期，以及攻擊性的、無情的反抗期。與另外兩種人格類型建立的明確的價值觀相比，他的價值體系是最矛盾的。除了一直高度評價自由和獨立之外，他有時候會在分析中極力讚賞人類的善良、同情、慷慨和自我犧牲，但在其他時候，他又會立場大變，轉向徹底的無情的利己主義叢林哲學。他自己可能都會被這些矛盾所迷惑，但他試圖透過某種方式將這些矛盾合理化，從而否認它們的矛盾性。如果分析師對迴避型人格的整個結構沒有清晰的洞察，他就很容易陷入混亂。分析師很可能專注於某一種傾向，但都不能深入探究，因為患者一而再、再而三地躲進疏離傾向，並關上所有通往心靈的大門，就像人們關上一艘船的防水隔板一樣。

迴避型患者特殊的「抗拒」基於一種精準但簡單的邏輯。他不想與分析師建立必然聯繫，也不想承認自己是人類的一員。事實上，他一點都不想分析自己的人際關係，也不想面對自己的衝突。他堅守以下信念：只要與他人保持安全距離，他就無須操心與他人的關係；只要遠離他人，人際關係的任何變化都不會影響到他；不可以也不應該去驚動分析師所說的衝突，因為它們只會干擾他；無須對分析師如實相告，因為他反正不會改變自己迴避的姿態。一旦我們瞭解他的這些信念，我們就能明白，對衝突的分析不可能引起他的興趣。正如我們曾說過，上述的無意識推理在一定程度上是合乎邏輯的。他拒絕考慮並且長期以來拒絕承認的一個事實是，他無法在真空中成長和發展。

因此，病態疏離的首要功能就是，讓主要衝突不再發揮作用。疏離是為了反抗基本焦慮而建立起來的最徹底、最有效的防衛機制。作為營造虛假和諧的諸多病態方式之一，它試圖透過逃避來消除衝突。

但它並不能真正解決衝突，因為對親密關係、侵略性的控制、剝削和出人頭地的強迫性渴望依然存在，這些渴望即便沒讓其承載者陷入癱瘓，也會不停地干擾他。最終，只要相互矛盾的價值體系依然存在，真正的內心平靜或自由就不可能實現。

**NOTE**

- 迴避型患者排斥公認的行為規則和傳統價值體系。為了避免衝突，他可能表面上遵守，內心卻固執地拒絕一切傳統規則和標準。
- 面對他人，服從型患者會暗自思忖：「他喜歡我嗎？」攻擊型患者則揣測：「這個對手有多強？」或：「他對我有用嗎？」迴避型患者關心的首要問題則是：「他會妨礙我嗎？他是想影響我還是不打擾我？」
- 迴避型患者覺得自己就像一塊稀有的東方地毯，圖案和色彩搭配都獨一無二，永遠不可替代。外部環境的影響會消除他與別人的區別，他為自己能一直保持不受它的束縛而倍感自豪，並決定繼續保持下去。

- 對迴避型患者而言，情感抑制越嚴重，他就越有可能強調智力，他會期待任何事情都可以透過純粹的理性力量得到解決。
- 任何對待他人的基本態度都有著自身的積極價值。在「服從」型態度中，人們為自己與世界創造了一種友好的關係。在「攻擊」型態度中，他全副武裝以便在社會競爭中生存下來。而在「疏離」型態度中，他希望獲得某種真誠和寧靜。事實上，對於人的發展來說，這三種態度都是可取的，而且是必要的。只有當它們以一種病態的方式出現並運作時，它們才是強迫性的、僵化的、不加選擇的，而且是相互排斥的。

# 第六章 理想化形象

真正的理想讓人謙遜，理想化形象則使人自負

我們已經討論了精神官能症患者對待人際關係的基本態度，從中我們認識到，精神官能症患者試圖用兩種主要方法處理或消除衝突——壓抑人格中的某些方面並突出其對立面；保持與他人的距離以便使衝突不再發揮作用。這兩種心理過程都能帶來一種整體感，從而讓患者得以行動，但它們同時也會給患者自身帶來損害。[1]

此處，我們將探討另一種消除衝突的嘗試，即精神官能症患者創造出一種他認為自己將是，或在特定時候他能或應該是的形象。無論是自覺還是不自覺，這種形象在很大程度上總是遠離現實，儘管它實實在在地影響著患者

1 原註：赫曼．紐伯格（Herman Nunberg）在一篇論文中探討過追求整體性這一問題。那篇論文題目是〈自我的綜合作用〉（*The synthetic function of the ego*），刊於《國際精神分析雜誌》（*International Journal of Psychoanalysis*），一九三〇年。

的生活。

另外，這種形象總具有奉承的特點，就像《紐約客》（*The New Yorker*）中的一幅漫畫所展示的，壯碩的中年婦女總是把鏡中的自己看作苗條的年輕女郎。理想化形象的具體特徵取決於人格結構，因而各不相同。被認為最重要的可能是美貌，也可能是權力、智慧、天賦、至善、誠實，或任何患者所期待的特徵。準確地來說，理想化形象在一定程度上是不切實際的，它會讓一個人變得自負，此處用的是「自負」的本義。「自負」（arrogance）儘管是「高傲」（superciliousness）的同義詞，但就其本義而言，它指一個人將己所未有的品格，或有可能有但尚未實現的品格據為己有。**理想化形象越不切實際，它就越會使人脆弱**，越渴望外界的肯定和認同。對自己確定擁有的品格，我們無須證實；但虛假的品格一旦被質疑，我們就會變得十分敏感。

在精神病患者浮誇的念頭中，我們可以觀察到最為醒目的理想化形象。理論上，它與精神官能症患者的理想化形象有著相似的特徵。在精神官能症患者那裡，理想化形象可能不那麼異想天開，但一樣被他們當作事實。如果把脫離現實的程度看作區別精神病和精神官能症的標誌，那麼，我們可以把理想化形象看作滲入精神官能症結構的輕微的精神病。

就其本質而言，理想化形象是一種無意識現象。儘管精神官能症患者的自我膨脹對即使未經訓練的觀察者而言都顯而易見，他本人卻意識不到他正在把自己理想化。他也意識不到理想化形象是一個多麼奇異的性格組合。他可能會模糊地覺得，自己有很高的自我要求，但由於誤把這種完美主義的要求當作名副其實的理想，他絕不可能質疑它們的正確性，事實上，他為這些自我要求感到非常自豪。

理想化形象的創造如何影響一個人對自己的態度，這因人而異，而且在很大程度上取決於患者的關注點。如果精神官能症患者致力於讓自己相信：他等同於自己的理想化形象，他就會堅定地認為，他事實上就是才子、是精英，就連他的缺點都是非凡的。[2] 如果他的關注點集中在現實自我上，但現

2 原註：參見安妮．帕里什（Anne Parrish），《跪著的一群》（*All Kneeling*），《沃爾科特第二讀者》，花城出版公司，一九三九年。

實自我與理想化形象相比又太可鄙，他對自我的貶損就會非常醒目。由輕視導致的自我形象和理想化自我一樣脫離現實甚遠，所以稱它為「被貶損的形象」是合理的。最後，如果精神官能症患者集中關注理想化形象和真實自我之間的差別，那麼他就會堅持不懈地努力彌補兩者間的差距，鞭策自己臻於完美，這是患者本人能意識到的，也是我們能觀察到的唯一現象。在這種情況下，他會令人驚訝地頻頻使用「應該」一詞。他會不斷地告訴我們，他原本應該覺察到什麼、想過什麼、做過什麼。實際上，他認為只要對自己更嚴格、更克制、更警惕、更慎重，他就可以是完美的。這一信念表明，他就像一位天真無邪的「自戀者」，對自己內在的完美深信不疑。

與真正的理想相比，理想化形象是靜態的。它不是一個透過奮鬥即可實現的目標，而是患者信奉的固定觀念。真正的理想有一種動態的特性，它能激起實現理想的動機，這對成長和發展而言都是寶貴的、不可或缺的力量。而理想化形象對成長而言顯然是一種障礙，因為它要麼否認缺點，要麼一味譴責它們。真正的理想讓人謙遜，理想化形象則使人自負。

• • •

理想化形象——不管如何定義——很久以前就被認識到了。不同時期的思想著述對它都有涉及。佛洛伊德將它引入精神官能症理論，並冠以不同的名稱：自我理想、自戀、超我。它也是阿德勒心理學的核心思想，並被描述為對優越感的追求。我的觀點與他們不盡相同，但要詳細說明它們之間的區別可能會讓我們離題太遠。[3]簡要地說，他們的思想都只關注理想化形象的某一方面，從而無法認識它的全貌。因此，不僅佛洛伊德和阿德勒，其他很多人——包括弗朗茲·亞歷山大[4]、保羅·菲德恩[5]、伯納德·格魯克[6]和歐內斯特·瓊斯[7]——都提出過相關論述，但理想化形象的意義及功能卻尚未得到全面認識。那麼，它的功能是什麼？很顯然，它滿足了至關重要的需求。儘管不同的著述者對理想化形象所做的理論解釋各不相同，有一點他們

3 原註：參見〈佛洛伊德的自戀、超我概念與卡倫·荷妮的罪惡感的批判性考察〉，《精神分析新方法》，W·W·諾頓公司出版，一九三八年；埃里希·佛洛姆，〈自私和自愛〉（*Selfishness and Self-Love*），《精神病學》（*Psychiatry*），一九三九年。

4 譯註：弗朗茲·亞歷山大（1891-1964），匈牙利裔美國精神分析學家。

5 譯註：保羅·菲德恩（Paul Federn, 1871-1950），奧地利裔美國心理學家。

6 譯註：伯納德·格魯克（Bernard Glueck, 1884-1972），波蘭裔美國精神病學家。

7 譯註：歐內斯特·瓊斯（Ernest Jones, 1879-1958），威爾士精神分析學家。

是一致的，即理想化形象構建了一個難以動搖甚至難以削弱的精神官能症大本營。比如，佛洛伊德就把深藏得根深蒂固的「自戀」看作治療中最難克服的障礙。

理想化形象最基本的功能是，它取代了真實的自信和自豪。一個人如果遭遇了毀滅性經歷，並就此一蹶不振，最終患上了精神官能症，他就很少有機會建立最初的自信，他即使擁有這種自信，它也會在精神官能症發展過程中進一步減弱，因為建立自信所必需的條件很容易被損害。想簡要但系統地闡明這些條件是很困難的，但可以列舉其中最重要的幾個條件：情感能量的活力和有效性、樹立真實目標的能力、有效應對生活的能力。不管精神官能症形成的過程如何，這些條件都很容易遭到破壞。首先，精神官能症傾向會阻礙患者的自我決定權，因為他是被驅動著而不是作為驅動者本身。其次，精神官能症患者獨立決定行動路線的能力會降低，因為他太過依賴他人，不管他採用何種方式——盲目抵抗、盲目渴望出類拔萃、盲目迴避他人——這些方式都是對他人的依賴。再者，精神官能症患者的情感能量會遭到大範圍的抑制，從而徹底喪失功能。所有這些因素導致患者幾乎無法形成自己的目標。同樣重要的一點是，基本焦慮使精神官能症患者的內心出現了分裂，他因此失去了堅實的基礎，他不得不誇大自己的重要性和權力感。出於這個原因，「我是全能的」這個信念是理想化形象永不衰退的組成部分。

理想化形象的第二個功能與第一個功能密切相關。精神官能症患者的軟弱感並非產生於一個真空世界，它產生於一個充滿敵意的世界——人們隨時準備欺騙、羞辱、奴役、戰勝他的世界。因此，他必須不斷地將自己與他人加以權衡和比較，這不是為了虛榮或奇思異想，而是出於令人痛苦的迫不得已。實際上，由於他感到自己軟弱且可鄙——就像我們隨後將要討論的那樣——他必須尋求某些令他感覺更好、比別人更有價值的東西。無論採取哪種形式，是自認更聖潔還是更無情、更有愛還是更憤世嫉俗，他必須發自內心地感到自己在一定程度上高人一等——不管形成這種念頭的具體驅力是哪種。任何一種精神官能症結構都包含脆弱感和隨時被輕視、羞辱的恐懼，因此，對優越感的需求多半包含戰勝他人的欲望，而對報復性勝利的追求就成為屈辱感的解藥，這些都被精神官能症患者追求著，或隱藏在內心深處。這種欲望可能被察覺，也可能不被察覺，但它是病態地追求優越感的驅力之一，並賦予優越感獨特的心理色彩。[8]當前文化中的競爭精神催生了人際關係障礙，從而助長了一般意義上的精神官能症的形成，但它也特別滿足了人們追求卓越的欲望。

我們已經知道，理想化形象如何替代了真實的自信和自豪。但它還以另一種方式成為替代品。由於精神官能症患者的理想是相互矛盾的，它們模糊而不確定，不可能有任何固定的力量，因而無法給人帶來指引。因此，精神官能症患者只能努力成為他**自創的偶像**，以便為他的生活帶來一點意義，否則他會感到毫無目標。在分析中，這一點表現得特別明顯。當精神官能症患者的理想化形象逐漸瓦解時，他在一段時間內會感到非常失落。但只有在

8 原註：參見本書第十二章〈施虐傾向〉。

那時，他才認識到，自己在理想問題上是混亂的，他的理想化形象是不可取的。在此之前，無論他口頭上說得多好，理想問題都不在他的理解和興趣範圍內。也只有到那時，他才第一次意識到理想具有某種意義，並且希望發掘自己的真實理想。我認為，這類經驗證明了理想化形象對真實理想的替代。瞭解理想化形象的這個功能，對臨床治療是有意義的。分析師可以一早就向患者指出其價值體系的矛盾，但他不能期待患者會對這個問題表現出任何積極的興趣。只有當理想化形象已經變得可有可無，分析師才可能著手處理患者價值體系的內在矛盾。

理想化形象是僵化的，它的防範功能比其他功能更顯著地解釋了這一特徵。如果我們在自己的私密鏡像中把自己看作道德楷模或智力模範，那麼我們身上的錯誤和缺陷，即使是最明顯的，也會消失，或被染上富有吸引力的色彩，就像在一幅精美的繪畫中，一堵破敗頹壞的牆不再是一堵破敗頹壞的牆，而是由棕色、灰色和紅色構成的富有價值的、漂亮的合成物。

人們如何看待自己的錯誤和缺點？這個問題雖然簡單，卻能幫助我們更加深入地理解理想化形象的防範功能。乍看之下，這個問題讓人無從答起，因為可能的答案太多了。儘管如此，相對確定的答案還是有的。一個人看待其錯誤和缺點的方式，取決於他接受和拒絕自身的哪些特徵。在相似的文化條件下，它取決於基本焦慮中占主導地位的某個方面。比如，服從型人格不會認為恐懼和無助是污點；攻擊型人格則認為，任何與此相似的感情都是可恥的，因而要向自己和他人隱瞞。服從型人格把充滿敵意的攻擊看作罪惡；攻擊型人格則把自己溫柔的感情看作卑鄙的軟弱。另外，每種人格類型都被驅動著拒絕這個事實——他那更令人滿意的自我只不過是偽裝。例如：服從型人格必須否認，他不是一個真正充滿愛心和慷慨的人；迴避型人格不希望發現，他的超然離群並非他的自由選擇，而是因為他無力面對他人等等。而且，這兩種人格類型一般都會拒絕承認自己有施虐傾向（後文將會討論）。

我們由此得出結論：精神官能症患者用以處理人際關係的主導性態度，

會創造出一幅和諧的人格畫面，任何與之不相吻合的因素都會被當作缺點遭到拒絕。而且我們還可以說，理想化形象的防衛機制就是否認衝突的存在，這也是為什麼它必然保持固定不變。在我認知到這點之前，我經常好奇，要讓患者承認自己沒那麼重要、沒那麼高人一等，幾乎是不可能的，這究竟為什麼？如果從這個角度看，答案就很清楚了。他必須寸步不讓，因為承認某種缺點就意味著直接面對自己的衝突，從而破壞他已經建立起來的虛假和諧。因此，在衝突的強烈程度和理想化形象的僵化程度之間，存在一種確定的關聯。從精心構建的、僵化的理想化形象中，我們可以推斷出格外具有破壞力的衝突。

除了上述四個功能之外，理想化形象還有第五種功能，它同樣也與基本焦慮相關。除了將衝突中不被接受的部分偽裝起來，理想化形象還有一個更為積極的作用。它就像藝術創造，各種矛盾因素在創造中得到調和，至少對患者自身而言不再顯現為衝突。我們可以舉例說明這種心理過程。為了免去冗長的報告，我將直接指出顯現出來的衝突，並說明它們在理想化形象中的表現方式。

X基本焦慮的主導性方面是服從。他為人慷慨、體貼、充滿愛心，希望被照顧、被同情，對愛和認可有著極大的需求。相對次要的方面是疏離，他厭惡群體活動、重視獨立、害怕束縛、對壓力很敏感。這種疏離傾向與他對人際間親密關係的需求經常發生衝突，鑒於此，他和異性之間反覆出現關係障礙。同樣地，他的攻擊性驅力表現得也十分明顯——他在任何情況下都必須爭第一，他會間接控制別人，偶爾會利用別人，且不能忍受任何干擾。自然，這些傾向在相當程度上減弱了他獲得愛和友誼的能力，並與他的疏離相抵觸。因為無法意識到這些驅力，他為自己編造了由三種形象混合而成的理想化形象。首先，他是一位了不起的情人和朋友——沒有人比他更善良、更優秀了，而有女人居然會更喜歡其他男人，簡直不可思議。其次，他是最偉大的時代領軍人物，眾人敬畏的政治天才。最後，他是位了不起的思想家，是智者，是少數天賦異稟者之一，能深入洞察生命的意義及其終極虛無。

他的理想化形象並不完全異想天開。在所有這些傾向上，他都有很大的潛力。但這些潛力被抬升為既定事實，被當作偉大而稀有的成就。另外，驅力的強迫性被掩蓋了，取而代之的是對自身固有能力和天賦的確信。假想的愛的能力，替代了對愛和讚賞的病態需求；假想的卓越天賦，替代了出類拔萃的欲望；假想的獨立和智慧，替代了對離群索居的需求。最後也是最重要的，衝突以下列方式被驅除了——在真實生活中，驅力相互干擾，從而妨礙他實現其中任何一種潛力；但當驅力被提升到一個抽象的完美世界，它們成為相互包容的不同側面，共同構成了一個豐滿人格，構成其理想化形象的三種人物，分別代表了基本焦慮的三個方面。

將相互衝突的元素隔離開來對患者而言極其重要，下面的例子更清晰地展示了這一點。[9]在Y的案例中，他的主導傾向是疏離，其表現形式相當極端，且具有〈迴避他人〉這一章所描述的所有內涵。他服從的傾向也十分明

9 原註：雙重人格的經典例子是羅勃．路易斯．史蒂文生的《化身博士》，小說的核心主題是，將一個人身上相互衝突的元素分離開來的可能性。當傑奇博士意識到自己身上的善惡分裂是多麼劇烈時，他說：「很久以來……我就學會帶著愉快的心情仔細琢磨，怎樣將這些本性分離開來，這真像一個令人著迷的白日夢。我對自己說，如果每個本性都被安置在一個獨立的身分裡，生活就再也不會是那麼令人難以忍受的痛苦了。」

顯。但Y本人把這一傾向完全排除在意識之外，因為這與他對獨立的渴望不相容。成為至善之人的願望偶爾會強而有力地突破壓抑、浮現出來。他能意識到自己對親密關係的渴望，但這種渴望總是與他的疏離發生衝突。他只在自己的想像中才會變得無情、富有攻擊性。在幻想中，他沉溺於大規模的破壞行為，並坦然地希望殺死所有干擾他生活的人；他自稱信仰叢林哲學——強權準則是正當的，為了無情地追逐個人利益，奉行強權準則是唯一聰明而不虛偽的生活方式。但在真實生活中，他卻很膽小；暴力發作只在特定情況下才出現。

他的理想化形象是一種奇特的拼湊。大部分時間，他是一位住在山頂的隱士，已經獲得無限的智慧和平靜。偶爾他也會變成奸詐狡猾的人，毫無人類情感，醉心於殺戮。另外，就好像前兩種互不相容的人物形象還不夠似的，他還是理想的朋友和情人。

在這個案例中，我們發現理想化形象的共同謬誤：否認精神官能症傾向，自我誇大，把潛力當作現實。而它沒有嘗試調和衝突，矛盾依然存在。但是，與真實生活相比，理想化形象中的三個人物顯得純粹，不摻任何雜質，因為它們是相互隔離、互不干擾的。而這似乎正是這個理想化形象的價值所在：衝突就其本身而言消失了。

在最後一個案例中，理想化形象具有更強的統一性。在Z的真實行為中，攻擊型傾向處於強而有力的主導地位，且伴有施虐傾向。他盛氣凌人，喜歡剝削別人。他被強烈的野心驅使著，無情地往前推進。他計畫、組織、戰鬥，自覺信守嚴厲的叢林哲學。同時，他又極端疏離，但由於攻擊型驅力總是將他捲入人群，他無法做到超然離群。盡管如此，他依然嚴格警惕，不讓自己捲入任何私人關係，也不讓自己享受任何與人相處帶來的快樂。他在這方面做得很成功：對他人的真實情感被深深地壓抑了，對親密關係的欲望被貫注到性關係上。另外，他還有著鮮明的服從傾向，並渴望獲得讚賞，這對他的權力欲是種干擾。除此之外，他還不自覺地用清教徒準則鞭策別人和自己，而這會與他的叢林哲學產生正面衝突。

在他的理想化形象中，他是一位騎士，身著閃閃發光的盔甲；一位永遠尋求真理的改革者，擁有開明的、永不衰退的眼力。由於是一位明智的領導者，他不會與任何人建立密切的私人關係，卻遵守嚴格而公正的行事原則。他誠實、不虛偽。女人愛他，他也可以成為了不起的情人，卻不會讓自己受任何女人的束縛。這個例子和其他兩個例子一樣，基本焦慮的各種元素被混合在一起。

由此可見，理想化形象是消除基本焦慮的一種嘗試，至少與我們已經討論過的其他嘗試一樣重要。它像黏合劑一樣將分裂的個體聚攏在一起，因而有著巨大的主觀價值。

它儘管只是存在於內心的形象，卻決定性地影響著精神官能症患者的人際關係。

●
●
●

理想化形象可以被稱為虛構自我或幻想自我，但這種稱謂只道出了一半真相，因而容易引起誤解。理想化形象的創造中的確帶有一廂情願的想法，而且它們確實令人吃驚，特別是當產生這些想法的人都生活在堅實的現實之中。但這不會使理想化形象成為完全虛構的東西。作為一種想像性創造，它與特定的現實因素相互交織，並受到這些因素的制約。它通常帶有真實理想的痕跡。如果說輝煌的成就是幻想的，但它所蘊含的潛力卻是真實的。更為重要的是，它源於非常真實的內心需求，發揮著實際的功能，對其創造者造成切實的影響。制約理想化形象創造過程的法則極其明確，因此，一旦瞭解理想化形象的特徵，我們就可以對特定患者的性格結構做出精確的推論。

但是，無論理想化形象中編織進多少幻想，對精神官能症患者本人來說，它都具有現實的價值。這一形象建立得越牢固，患者本人就越是等同於這個理想化形象，而他的真實自我則相應地被淡化。鑒於理想化形象所具有的功能，這種真假倒置必然會發生。每一種理想化形象都旨在抹殺真實人格，並使自己成為被關注的中心。透過回顧眾多患者的病歷，我們相信，理想化形象的建立經常有救命的功能，這一點毫不誇張。這也是為什麼當患者的理想化形象遭到破壞，他的反抗是完全合理的，或至少是合乎邏輯的。只要他的理想化形象對他而言依然是真的，而且未被破壞，他就能覺得自己是重要的、優越的、和諧的，而不管這些感覺的幻想性質。根據他假想的優越感，他認為自己有資格提出各種要求和主張。但如果允許這個形象被破壞，他就會立即感到以下前景對他的威脅：面對自己所有的軟弱；不再有權利提出特殊要求；成為相對無足輕重的人，甚至成為一個可鄙的人（在他自己眼裡）。更令他恐懼的是，他將面對自己的衝突，面對被撕裂這些令人不安的擔憂。儘管他經常聆聽這樣的告誡：只要放棄理想化形象，他就有機會成為一個更好的人，一個比他的理想化形象更有價值的人。但在很長一段時間裡，這種告誡對他毫無意義。放棄理想化形象就像黑暗中的一躍，他對此感到懼怕。

由於理想化形象有著根深蒂固的巨大缺陷，即使它憑借如此重要的主觀價值吸引患者，它的地位仍然不是無懈可擊的。首先，由於涉及假想因素，理想化形象就像一座搖搖欲墜的大廈，或一座裝有炸藥的寶庫，患者因它而變得極端脆弱。外界的任何質疑或批評、對內心衝突的任何洞察、或察覺到自己無法達到理想化形象的標準……所有的這些都會點爆這座寶庫，令其崩塌。為了避免遭遇這些危險，精神官能症患者必須限制自己的生活範圍。他必須迴避他不被崇拜或不被認同的環境，拒絕他不是十分有把握的工作。他甚至會對任何努力都產生強烈的反感。對他這樣一個有天賦的人來說，只要想像一下他可能畫的畫，傑作就完成了。任何平庸之輩透過努力都能有所成就，如果他像張三李四那樣專注工作，那就是承認自己不是天才，這對他而言是一種羞辱。但事實上，不工作就不會有任何成就，他的這種態度使他極力想要達成的目標成了泡影。因此，他的理想化形象和真實自我之間的距離加大了。

他無止境地依賴他人的肯定，諸如贊同、崇拜和奉承，但任何方式的肯定都只能給他帶來短暫的心安。他可能不自覺地憎恨所有傲慢的人，或憎恨在某些方面比他優秀的人——更堅定自信，更平衡安定，更見多識廣——因為他們都威脅著要破壞他心目中的自我。他越是拚命堅持他等同於自己的理想化形象，他的憎恨就越強烈。相反地，如果他的自負遭到壓制，他可能就會盲目崇拜那些公然自視甚高、舉止傲慢的人。他愛的是隱藏在這些人身上的自己的形象。但一旦他意識到——在某些時刻他必然會如此——他如此崇拜的神感興趣的不過是祂們自己，關心的不過是他在祂們祭壇上供奉的香火，他就會不可避免地陷入極度失望之中。

理想化形象必定導致與自我的疏離，這可能是它最糟糕的缺點。只要我們壓抑或消除我們自身必不可少的部分，我們就會與自身疏離，這是病態的心理過程逐步導致的變化之一。我們儘管知道這些變化的基本性質，卻無法觀測其發生過程。患者對自己真實的感受、喜好、厭棄、信念——簡而言之，對真實的自己——完全無動於衷。但他並不知道這種變化，他便以自己的理想化形象生活下去。與臨床紀錄相比，詹姆斯・馬修・巴里[10]的《湯米和格麗澤爾》（*Tommy and Grizel*）中的湯米形象，就更為具體地闡明了這種心理過程。當然，如果不是受困於無意識的偽裝和合理化編織而成的蛛網無力逃脫，患者的行為不會發展到這個地步，因為這會讓生活變得非常不可靠。患者會喪失對生活的興趣，因為這不是他自己的生活；患者會無法做決定，因為他不知道自己究竟想要什麼；如果障礙加劇，他可能會被一種虛幻感所籠罩——這是他長久以來一直以虛假自我存在的極端體現。如果我們認知到，包裹著內心世界的虛幻面紗必定會延伸至外部世界，我們就能理解這種極端體現。最近，一位患者在概括他的整個處境時說：「如果不是因為現實，我一切都好。」

10 譯註：詹姆斯・馬修・巴里（James Matthew Barrie, 1860-1937），蘇格蘭小說家、劇作家，代表作品為《彼得・潘》。

最後，儘管創造理想化形象是為了消除基本焦慮，而且，它在有限的程度上也成功做到了這一點，但它同時又會產生新的人格分裂，其危險程度比原來的更大。粗略地來講，患者創建理想化形象的原因在於，他無法忍受真實的自己，理想化形象顯然可以緩和這種不幸。但當他把自己送上神壇，那個真實自我反而令他更加難以忍受。他開始鄙視自己，對自己充滿怨恨，並以理想化形象的標準要求自己，但這些標準是他難以達到的，他因而憤怒不已。於是，他在自戀和自卑、理想化形象和被貶損的形象之間搖擺不定，失去了可依靠的堅實基礎。

因此，一方面是強迫性的、相互衝突的追求，另一方面是內心紊亂激發的內心獨裁（理想化形象），兩者之間構成了新的衝突。對這種內心獨裁，患者的反應很像人們面對類似政治獨裁的反應：他可能無意識地仿效獨裁者，即他覺得自己和獨裁者所說的一樣優秀、一樣完美；他可能會急切地努力達到獨裁者的要求；他可能會反抗這種壓力，拒絕接受被強加的義務。

如果患者採用第一種應對方式，他就很難接受任何批評，並給我們留下「自戀」的印象；而且，他再也察覺不到自我和理想化形象之間實際存在的裂縫。如果患者採用第二種應對方式，我們就會看到一位完美主義者，或佛洛伊德的「超我」。如果採用第三種方式，患者就顯得無法對任何人或事承擔責任；他變得難以捉摸、不負責任、充滿抗拒感。

出於慎重，我只談及患者的表現和給人的印象，因為無論他採用哪種應對方式，他從根本上來說，都一直處於焦躁不安的狀態。即使通常以「自由的」反抗者自居的患者，他也仍然在其力圖推翻的強制性標準下飽受煎熬。他仍受制於理想化形象的掌控，只不過這一事實可能僅表現為：他用這套標準鞭策他人。[11]有時候，患者可能在不同的時期，從一個極端轉向另一個極端。比如，他可能會在一段時間內努力做到人所不及的「優秀」，但如果沒有從中得到安慰，他又會轉向另一個極端，瘋狂地違抗所有類似準則。或者，他可能從一個明顯的毫不收斂的自戀者，變成一個完美主義者。但在更

11 原註：參見本書第十二章〈施虐傾向〉。

多的情況下，這三種應對方式會混合在一起。這些現象表明：沒有一種嘗試是令人滿意的，它們註定都會失敗；我們必須把這些努力看作逃離不可忍受之處境的絕望掙扎；就像病急亂投醫一樣，各種不同的方法都會被一一試過，一種不行，再換一種。根據我們的理論，這一切都是可以理解的。

所有這些後果彙集在一起，築造了一道強有力的屏障，阻礙著患者真正的發展。他無法從自己的錯誤中汲取經驗，因為他發現不了這些錯誤。他必定會對自我成長失去興趣，儘管他所說的正好與之相反。當他談及成長，他心裡只有一個無意識的念頭——創造一個更加完美的自身理想化形象，它將毫無缺點。

因此，治療的任務就是讓患者看清他理想化形象的每個細節，幫助他理解理想化形象的所有功能和主觀價值，以及向他展示這一形象必然蘊含的所有痛苦。患者將因此開始衡量，理想化形象的代價是否太高。但只有在相當程度上消除創造理想化形象的需求之後，患者才能真正放棄它。

## NOTE

- 一個人的理想化形象越不切實際，它就越會使人變得脆弱，越渴望外界的肯定和認同。
- 與真正的理想相比，理想化形象是靜態的。它不是一個透過奮鬥即可實現的目標，而是患者信奉的固定觀念。真正的理想有一種動態的特性，它能激起實現理想的動機，這對成長和發展而言都是寶貴的、不可或缺的力量。而理想化形象對成長而言顯然是一種障礙，因為它要麼否認缺點，要麼一味譴責它們。真正的理想讓人謙遜，理想化形象則使人自負。
- 當前文化中的競爭精神催生了人際關係障礙，從而助長了一般意義上的精神官能症的形成，但它也特別滿足了人們追求卓越的欲望。
- 只要我們壓抑或消除我們自身必不可少的部分，我們就會與自身疏離，這是病態的心理過程逐步導致的變化之一。

# 第七章 外化

外化是主動抹除自我的心理過程

為了彌補真實自我和理想化形象之間的差距，精神官能症患者求助於種種偽裝，但它們最終只是加大了兩者間的距離。但理想化形象的主觀價值如此巨大，患者必須堅持不懈、想方設法與它保持一致。為了實現這個目標，他做了各式各樣的嘗試。在這一章中，我們只討論其中一種方法，即「外化」，它並不比其他方法更突出，但對精神官能症結構卻有著特別深刻的影響。我們會在下一章討論其他的一些方法。

把內在的心理過程體驗為發生在自身之外，並且認為正是這些外在因素造成了自己的障礙，我把這種傾向稱為「外化」。它與理想化形象有著相似目的，即逃離真實自我。但在偽裝和再造自我的心理過程中，真實人格似乎仍然保留在自我的區域內，而外化則意味著徹底放棄自我這個領地。簡言之，一個人可以躲進他的理想化形象以逃避基本衝突。但當真實自我和理想化形象之間的矛盾達到一定程度，產生的張力令人難以承受時，患者就無法依靠潛藏於自身的任何東西了。他唯一能做的就是徹底逃離自身，並把一切都看作存在於自身之外。

術語「投射」，即將個人障礙客觀化[1]，包含了「外化」現象的某些方面。在通常的用法中，投射指的是責任的轉移，即將本人主觀上不願接受的自身傾向或品格，轉移到他人身上。比如懷疑他人具有自己的性格傾向，如：背叛、野心、控制、自以為是、軟弱等。從這個意義上來說，投射這個術語是完全可以接受的。但外化包括的現象更多更廣，責任的轉移只是其中一個部分。在外化中，不僅自己的錯誤被體驗為他人的，而且在一定程度上，所有的感情都被體驗為他人的。對有外化傾向的人來說，他可能會對發

1 原註：這一定義由愛德華．斯特雷克爾（Edward Adam Strecker）和肯尼斯．阿佩爾（Kenneth Appel）在《發現我們自己》（*Discovering ourselves*）一書中提出，麥克米蘭出版社，一九四三年。

生在弱小國家的壓迫深感不安，但對自己在多大程度上是被壓迫的卻毫無知覺；他能體驗別人身上的絕望，卻可能感受不到自身的這種情緒。特別重要的是，在與自我的關聯中，他無法意識到他對待自己的態度。比如，他覺得別人在生他的氣，但事實上是他在生自己的氣。或者，他能意識到自己在朝別人發火，但事實上他是在向自己發火。另外，他不僅把自己的憂慮，還把自己的好心情和成就也歸因於外在因素。他會把自己的失敗看作命運的判決，把自己的成功歸因於幸運的環境，把好心情歸因於天氣等等。

當患者覺得他生活的好壞都取決於他人，那唯一合邏輯的就是，他應該專注於改變、塑造、懲罰或感動他人，或不讓他人干擾自己。外化就以這種方式導致對他人的依賴——與對愛的病態需求所導致的依賴完全不同。它也導致對外部環境的過度依賴。他住在城裡還是郊區、睡覺的早晚、用哪種方式減肥、加入哪個委員會，所有這些都顯得過分重要。因此，他形成了一種榮格稱為外傾型的性格特徵。但榮格把外傾型看作天生傾向的片面發展，而我則把它看作試圖透過外化消除衝突的結果。

外化不可避免地會產生令人痛苦的空虛和淺薄感。同樣，這種感覺也不會得到恰當的定位。精神官能症患者感受不到情感空虛本身，而是將它體驗為一種胃部的虛空，並試圖透過強迫性進食來排除它。或者，他會擔心自己體重過輕，他會像羽毛一樣上下翻飛，被一陣大風颳走。他甚至會說，如果要分析一切的話，他只是一個空殼。精神官能症患者的外化越徹底，他就越像一個幽靈，越容易飄忽不定。

有關外化這個心理過程可能帶來的影響，我們就說這麼多。現在，我們要討論的問題是，外化有哪些獨特的作用，可用以緩和自我和理想化形象之間的緊張狀態。無論患者在意識層面如何看待自己，真實自我與理想化形象之間的差異總會帶來難以察覺的負面影響。他越是成功地將自己等同於理想化形象，其反作用就越難被意識到。在最普遍的情況下，它表現為自卑、對自己的憤怒和內心強迫感，這些不僅令人極度痛苦，而且還以不同的方式使人喪失生活的能力。

自卑的外化可能採用兩種形式：輕視別人，或感覺別人輕視自己。兩種形式總是同時存在；至於哪種形式更明顯，或至少更自覺，這取決於精神官能症性格結構的整個構造。患者越具有攻擊性，越自我感覺良好，他就越可能輕視別人，從而也就越不可能想到別人會輕視他。相反地，他越是服從，越是因自己無法達到理想化形象的標準而感到自責，他就越容易感覺別人不需要他。自卑的第二種外化形式具有特別的危害，它使患者變得膽怯、呆板、孤僻，對任何給予他的愛和欣賞表現出過分的感激——一種失去自愛的感激。同樣地，他也無法按其本身價值接受真誠的友誼，而是含糊地將它當作自己不配得到的施捨。面對自負的人，他顯得毫無防禦能力，因為他在一定程度上與那些人意見一致，認為自己遭到輕蔑對待是完全合理的。自然，所有這些負面反應都會滋生怨恨，怨恨的壓抑和累積可能產生爆炸性力量。

儘管如此，以外化的形式體驗自卑仍然具有明顯的主觀價值。自我蔑視會破壞精神官能症患者所擁有的虛假自信，從而使他瀕臨崩潰的邊緣。被他人輕視的確令人痛苦，但總是留有希望，比如改變他人的態度，或將來以某種方式報復他人；或內心有所保留，認為他人不公正。如果一個人自我輕視，這些希望都將失效，他沒有為自己申訴的機會。在無意識中，精神官能症患者對自身感到絕望，此時，這種絕望感清晰地浮現了出來。他不僅開始鄙視自己的真實弱點，而且會覺得自己完全不值一提。在這種情況下，他的優點甚至也被拉入無價值感的深淵之中。換句話說，他會把自己等同於他的「被貶損的形象」，並認為這是不可更改的事實，沒有辦法補救。這就表明，在治療過程中不要過早碰觸患者的**自卑**問題，這個做法是明智的。除非患者的絕望感已消除，他對理想化形象的固守在相當程度上放鬆了，患者才能面對自卑，並且意識到他的無價值感不是客觀事實，而是自己冷酷無情的標準導致的主觀感受。如果他用一種更為寬容的態度對待自己，他會發現情況是可以改變的，他極力反對的那些性格特徵並不真的可鄙，而是他最終可以克服的障礙。

我們必須記住，對精神官能症患者而言，他就是自己的理想化形象，維護這個幻覺有著無限的重要性。只有這樣，我們才能理解精神官能症患者對自己的憤怒，或這種憤怒所具有的特點。精神官能症患者無法達到理想化形象的標準，因此，他不僅對自己感到絕望，而且還實實在在地感到憤怒，這個事實必須歸因於理想化形象不變的特徵——**全能感**。不管他在童年遭遇的困難多麼不可逾越，他，作為一位全能者，都應該能夠克服它們。在理智上，即使精神官能症患者已認知到自己精神官能症障礙的嚴重性，但他仍然感到一種無能為力的憤怒，因為他無法驅除它們。當他面對相互衝突的驅力，並意識到他無力實現相互矛盾的目標時，他的憤怒達到了頂點。這就是為什麼一旦認知到內心的衝突，精神官能症患者就會陷入劇烈的恐慌狀態。

人對自己的憤怒透過三種主要方式被外化。當敵意的發洩不再遭到抑制時，憤怒很容易就會爆發。但這種憤怒指向他人——或表現為一般意義上的易怒，或因他人身上的某些缺點而感到生氣，而這些缺點正是他所憎恨的自身的缺點。有一個例子可以很清楚地闡明這個外化方式。一位患者抱怨她丈夫優柔寡斷，因為只涉及一件瑣事，她猛烈的怒火顯然與之並不相稱。瞭解到她自己也是優柔寡斷的人之後，我便暗示，她的抱怨透露出一個資訊——她是多麼無情地譴責自身的這個缺點啊！她突然陷入狂怒，有一種將自己撕成碎片的衝動。事實是，她在自己的理想化形象中是一個臨危不懼的人，這使她很難忍受自己身上的任何軟弱。非常典型的是，儘管患者的反應劇烈，但在下一次對話時，它已被徹底忘記了。患者在一瞬間發現了這種外化，但還不準備放棄它。

第二種外化形式是，精神官能症患者總是不斷地、自覺或不自覺地擔心或預測——他本人無法忍受的自身缺點會激怒別人。他認為，自己的某些行為會激起他人很深的敵意，他對此深信不疑，如果他沒有遭遇他人的這種敵意反應，他真的會感到困惑。比如，一位患者的理想化形象是一位良善之人，就像維克多・雨果的《悲慘世界》（*Les Misérables*）中的牧師那樣。但令她迷惑不解的是，與她表現得像個聖人相比，人們更喜歡她堅持自己的立場，甚至發洩自己的怒氣。根據患者的理想化形象，我們可以猜測她的主導傾向是服從型。這個傾向最初源自對親密關係的需求，但她對敵對反應的預測加強了這個傾向。事實上，這種外化形式的主要結果之一，就是強化了她的服從傾向。這個現象表明，精神官能症傾向會持續不斷地相互鞏固，從而構成一種惡性循環。在這個例子中，理想化形象的主要性質是至善，它驅動患者一步步地消除自我，從而強化了強迫性服從。理想化形象會導致對真實自我的敵意衝動，這激發了對自己的憤怒，而憤怒的外化又強化了對他人的恐懼，反過來又進一步鞏固了患者的服從傾向。

憤怒的第三種外化形式集中在**身體障礙**上。很明顯，當患者無法確實體會對自己的憤怒時，它會產生相當嚴重的身體緊張，其表現可能是腸道疾病、頭疼、疲勞等。但只要這種憤怒被患者清晰地察覺到，所有症狀都會快速消失。這個發現很有啟發性。是否應該把這些身體反應稱作外化，還是僅把它們看作壓抑憤怒而導致的生理性後果，對此，人們可能會感到疑惑。但人們幾乎很難將這些身體反應與患者對這些反應的利用區分開來。一般而言，患者都熱衷於將自己的心理問題歸因於身體上的不適，並將身體的不適歸因於外在的刺激。他們非常熱切地想要證明自己精神上毫無問題，他們只是吃壞了肚子，或者工作太累，或因天氣太潮濕得了風濕等。

精神官能症患者透過外化他的憤怒可以達到怎樣的目的，這個問題與自卑外化的主觀價值相似，答案也相似。但還有一點必須提及：只有當我們認知到這些自我毀滅性衝動（自卑、對自己的憤怒）的真實危險，我們才能充分理解患者為什麼要竭盡全力地外化它們。在第一個案例中，患者想要撕碎自己的衝動是極短暫的，但精神病患者可能會真的將這種衝動付諸實踐，從而自我毀滅。[2]如果不是由於外化，自殺的發生率可能會更高。我們完全可以理解，佛洛伊德正是因為意識到自我毀滅性衝動的威力，才提出了自我毀

2 原註：更多的例子可見卡爾．梅寧哲（Karl Menninger）的《生之掙扎：破壞自己的人》（*Man Against Himself*）。但梅寧哲從一個完全不同的角度討論這個問題，由於追隨佛洛伊德，他假設了一種自我毀滅本能。

滅本能（死之本能）的構想——儘管這個思想阻礙了對問題的真正理解，從而也阻礙了有效的臨床治療。

人格在多大程度上受縛於理想化形象的權威控制，這決定了內心強迫感（inner coercion）的強烈程度。這種壓力，如何高估都不為過。它比任何外部壓力都更糟糕，因為後者還為內心自由留有餘地。患者多半無法意識到這種強迫感，一旦他的這種感覺被解除，並獲得一定程度的內心自由時，他會感到如釋重負。人們可以根據患者的這種變化來估計這種強迫感的威力。內心強迫感的外化形式之一就是對他人施壓。這與病態控制欲有著相似的外在效果，儘管如此，兩者仍有區別——內心強迫感是內在壓力的外化，其主要目的並非要求他人服從。它主要表現為：將自己為此感到焦躁不滿的標準強加到他人身上，而且同樣無視他人的幸福。清教徒的心理狀態就是這種心理歷程的絕好例子。

內心強迫感的另一種外化形式同樣重要。對外部世界中略具束縛性的任何事物，患者都表現出過度敏感。正如每個善於觀察的人都知道的那樣，這種過度敏感是常見的，但並非都起源於內心強迫感。內心強迫感外化的常見特徵是，患者感受到他人身上運行著他本人的強迫性驅力，並對此感到深惡痛絕。在迴避型人格中，我們主要考慮的是，患者強迫性地固守自身的獨立，而這必然導致他對任何外在壓力的敏感。但在外化中，無意識的內心強迫感本身就是過度敏感的源頭，它更隱蔽，更容易在分析中被忽略。但它經常像一股暗流，影響著患者和分析師之間的關係，因此對它的忽略特別令人遺憾。即使分析師已經向患者指出，他對外部影響過度敏感有著更顯在的源頭，患者可能還是堅持認為，分析師的建議是無效的。更甚的是，當分析師確實希望在患者身上引發一些變化時，這種反抗會更加嚴重。分析師會坦言，他只是希望幫助患者重新找回自己和生命的內在活力，但他的坦誠毫無用處。那患者會不會更容易接受無意中施加的影響呢？事實是，因為患者不知道自己的真實自我，他便不可能在接受什麼和拒絕什麼上做出選擇，所以分析師有沒有小心克制，不讓自己對患者施加任何個人信念，其實不會產生多大區別。而且，因為患者並不知道自己正苦於一種內心強迫感，並且已被這股力量限制在特定模式之中，他只能無差別地反抗任何試圖改變他的外在力量。不用說，這種無效的鬥爭不僅發生在分析過程中，而且也必定發生在任何親密關係中，其激烈程度可輕可重。想要驅除高度敏感這個幽靈，就必須分析「內心強迫感的外化」這個心理過程。

患者越傾向於服從其理想化形象的苛刻要求，他就越容易外化這種服從，這使情況變得複雜。他會迫切地想要達到分析師或其他任何人的期待，或他自認為他們所期待的。他可能表現得順從甚至容易輕信他人，但同時卻積累著對這種「強迫力」隱密的憎恨。結果便是，他看誰都覺得對方高高在上、處於支配地位，因而心中充滿憤恨。

那麼，透過外化內心強迫感，一個人會獲得哪些助益呢？只要他相信壓力來自外部，他就可以反抗它，至少可以在內心有所保留。同樣，他可以迴避來自外部的約束力，從而獲得某種自由的幻覺。但更為重要的是上文所提及的：承認內心強迫感，就意味著承認他不是自己的理想化形象，而這將帶來一系列後果。

一個有趣的問題是，內心強迫感的作用力是否會，並且在什麼程度上透過身體症狀表現出來？我自己的印象是，它是導致哮喘、高血壓和便秘的因素之一，但我在這個問題上的經驗是有限的。

尚需討論的另一個問題是，與理想化形象相衝突的那些個人特徵是如何被外化的？整體而言，它們透過投射實現了外化，即在他人身上體驗那些特徵，或讓他人為那些特徵負責，但這兩種投射並不必然同時發生。下面的病例會幫助我們更深入地理解投射的意義，儘管在分析病例時，我們可能不得不重複某些已經提出的觀點，以及其他眾所周知的觀點。

一位有酒癮的患者A抱怨他的情婦不夠體貼。但據我所見，他的抱怨並不合理，或至少沒到他所抱怨的那種程度。在一個旁觀者看來，他自己很明顯正遭受衝突帶來的痛苦：他一方面順從、脾氣溫和、慷慨，另一方面卻盛氣凌人、為人苛刻、傲慢自大。因此，攻擊型傾向的投射便出現了。但這種投射的必要性是什麼？在他的理想化形象中，攻擊型傾向只是其堅強個性中的自然組成部分，而他最突出的人格特徵是善良——自聖・方濟各[3]以來，再也沒有比他更善良的人、更理想的朋友了。那麼，這種投射是對他理想化形象的一種撫慰嗎？當然！不僅如此，投射讓他無法意識到自己的攻擊性傾向，同時又讓他將這一傾向付諸實踐，從而使他無須面對兩種傾向構成的衝突。這個患者被困在無法解決的困境之中：他無法清除自己的攻擊性傾向，因為它具有強迫性；但他也不能放棄自己的理想化形象，因為它維繫著自己的完整性。投射是他擺脫困境的一種方法。因此，投射表徵著一種無意識的表裡不一：它允許他一方面堅持自己的傲慢要求，同時又讓他成為一個理想的朋友。

這位患者還懷疑他的情婦不忠。這種懷疑同樣沒有證據——她像一位母

3 譯註：聖・方濟各（St. Francis, 1510-1572），天主教聖人，方濟各會的創始人。

親一樣忠實於他。事實是，他自己瞞著她有過幾次短暫的風流韻事。此處我傾向於認為，他一方面以己度人而心生對報復的恐懼；另一方面，這也是出於為自己辯護的需要。同時，這也可能是同性戀傾向的一種投射，但這個想法無助於釐清問題。他如何看待自己的不忠才是問題的關鍵。他並沒有忘記自己的風流韻事，但在回憶中它們卻不再受到注意。它們不再是鮮活的體驗。相反地，他所謂情婦的不忠倒成為非常生動的體驗。他的懷疑就是這種體驗的外化，其功能與他攻擊性傾向的投射相似：外化允許他維持自己的理想化形象，同時又能讓他隨心所欲。

政治或職業團體所耍弄的權力政治也可以作為另一個實例。類似策略經常被有意識地用來削弱競爭者，鞏固自己的地位。但政治手段也可能源自一種與上述例子相似的無意識困境。在那種情況下，政治手段就是一種無意識的表裡不一的表現。它讓一個人得以在類似的權力鬥爭中採用所有的詭計和手段，卻又不玷污自己的理想化形象，同時還提供了一個極好的管道，讓他把對自己的憤怒和鄙視發洩到其他人身上——更甚者，發洩到他最想擊敗的人身上。

最後，我還想指出另一種常見的投射方式，即將責任推卸至他人身上。但投射並不能將自己的障礙也一併移交給對方。許多患者一旦被告知他們有某些障礙，他們就會立即追溯童年，並將所有原因歸結到童年。他們會說：因為有一位專橫的母親，他們才變得敏感；因為童年遭遇過羞辱，他們才容易產生被羞辱感；因為童年受過傷害，他們才報復心重；因為小時候不被理解，他們才孤僻；因為清教徒式的養育方式，他們的性功能才受到抑制，諸如此類。此處，我並不反對分析師為了瞭解早期影響，和患者進行嚴肅的對話，但我反對過度熱衷於探究童年。這種做法只會導致無止境的迴圈，卻對當下控制著患者的各種驅力缺乏探索的興趣。

追溯童年這個方法的理論依據，來自佛洛伊德所強調的發生論，鑒於此，我們應該仔細考察這個理論基礎所蘊含的正確和謬誤成分。發生論的正確性在於，患者的精神官能症發展的確始於童年，他所能提供的資料，也都與他對已經發生的那種特定趨勢的理解有關。患者也的確無法為自己的精神官能症負責，因為環境的影響決定著他只能以那種方式發展。分析師必須明確指出這一點。

謬誤在於，患者對建立在他童年基礎上的所有驅力的運作都缺乏興趣。然而，正是這些驅力仍然影響著他，並且是他當下困境的根由所在。比如，患者在孩提時代看到身邊有太多的虛偽，這在一定程度上會讓他變得憤世嫉俗，但如果他僅把自己的憤世嫉俗與早期經驗相聯繫，那麼他就忽視了一個事實——當下的他需要這種憤世嫉俗。他在相互衝突的理想間無所適從，為了消除這些衝突，他不得不拋棄所有的價值觀。另外，患者往往要求自己在無力承擔責任的時候承擔責任，但在他應該承擔責任的時候卻又拒絕承擔責任。為了讓自己消除疑慮，相信那些失敗是他不可避免的，他就不斷提及早期經歷，同時又覺得他本應該毫髮未損地走出早期災難——像一朵白蓮，出淤泥而不染。就這一點而言，他的理想化形象必須承擔部分責任，因為理想化形象的存在，他無法接受帶有缺點或充滿矛盾的自己，無論這些缺點和矛盾是過去的還是當下的。更重要的是，患者喋喋不休地談論童年，借此，他既可以逃避自我，也可以維護一種熱心於自我審視的幻覺。但由於他將自身的驅力外化了，他無法在自己身上體驗這些力量的運作，因此他也無法設想自己才是其生活的積極因素。他不再把自己當作生活的推進器，他認為自己就像一隻下坡的皮球，輕輕一推就會不停地往下滾；或者像一隻豚鼠，一旦習慣於什麼就永遠不可能改變。

片面地強調童年是患者外化傾向的一種表現，這一點非常明確，因此，每當我遇到這種態度，我都會預測他是一個與自我徹底疏離的人，而且仍然被驅使著遠離自身。這一預測從未出現過失誤。

外化傾向還會出現在夢中。在患者的夢中，如果分析師成為一名監獄看守人，或者作夢者正要通過的門被她丈夫猛地關上，或者在抵達心儀目的地的過程中發生了意外，或出現了干擾，那麼，這些夢都是在試圖否認內心衝突，它們將內心衝突歸因於某種外部因素。

一位具有外化傾向的患者會為分析帶來特殊的困難。他帶著看牙醫的心態前來接受分析，期待分析師的工作不會真的將他牽涉進去。與自己的精神官能症相比，他對自己的妻子、朋友和兄弟的精神官能症更感興趣。他談論自己所處的困境，卻不願意檢視自己對困境該承擔的責任。他覺得，如果不是他的妻子太神經質，或工作不那麼令人心煩，他會一切正常。在相當長的一段時間內，他完全沒有意識到他自身的某些情感力量正在影響著他。他怕鬼、強盜、暴風雨，怕身邊有報復心的人和警察局，但從來不怕自己。即使他對自己的問題感興趣，那最多也是因為這些問題為他提供了智力或藝術上的愉悅。可以說，只要它在精神上是不存在的，即使他可能獲得某些洞見，他也不會將其應用到自己的真實生活中去，因此，儘管他對自己有了更多的瞭解，他也幾乎不會做出任何改變。

因此，從本質上來講，外化是主動抹除自我的心理過程。外化之所以行之有效，就是因為它將人與其自我相分離，而這正是精神官能症發展過程所固有的。自我消失了，唯一自然的結果就是：內心衝突也從意識中被抹除了。但在面對他人時，精神官能症患者會變得更苛責、更具報復心、更膽怯，以這種方式，外化用外部衝突替代了內心衝突。更精確地說，外化大大加重了觸發整個精神官能症發展的初始衝突——個體與外部世界之間的衝突。

**NOTE**

- 把內在的心理過程體驗為發生在自身之外，並且認為正是這些外在因素造成了自己的障礙，我把這種傾向稱為「外化」。

- 自卑的外化可能採用兩種形式：輕視別人，或感覺別人輕視自己。
- 一般而言，患者都熱衷於將自己的心理問題歸因於身體上的不適，並將身體的不適歸因於外在的刺激。他們非常熱切地想要證明自己精神上毫無問題，他們只是吃壞了肚子，或者工作太累，或因天氣太潮濕得了風濕等。
- 許多患者一旦被告知他們有某些障礙，他們就會立即追溯童年，並將所有原因歸結到童年。我並不反對分析師為了瞭解早期影響，和患者進行嚴肅的對話，但我反對過度熱衷於探究童年。這種做法只會導致無止境的迴圈，卻對當下控制著患者的各種驅力缺乏探索的興趣。
- 外化是主動抹除自我的心理過程。外化之所以行之有效，就是因為它將人與其自我相分離，而這正是精神官能症發展過程所固有的。自我消失了，唯一自然的結果就是：內心衝突也從意識中被抹除了。但在面對他人時，精神官能症患者會變得更苛責、更具報復心、更膽怯，以這種方式，外化用外部衝突替代了內心衝突。更精確地說，外化大大加重了觸發整個精神官能症發展的初始衝突——個體與外部世界之間的衝突。

# 第八章 維持虛假和諧的輔助方式

每種精神官能症都會發展出特定的防禦組合

眾所周知，一個謊言通常會帶來另一個謊言，第二個謊言又需要下一個謊言來彌補，如此層層遞進，一個人最終會深陷凌亂的謊言之網，無法脫身。當人們對探究事物之根源缺乏決心，他們定會在個人或團體生活中遭遇類似情況。謊言就像拼綴物，它可能有些許幫助，卻孕育新的問題，轉而又需要新的權宜之計。試圖消除基本焦慮的精神官能症方法就像一個個謊言。要想真正解決基本焦慮，除了徹底改變產生最初障礙的心理條件之外，任何方法都不會產生真正的效果。而精神官能症患者所做的——不可避免地——就是將虛假的解決方法一個個拼綴在一起。就像我們所發現的，他可能會讓衝突的某一方面占據主導地位，但他仍然備受折磨。他可能會採用極端的方式將自己與他人徹底分離，這雖然遏制了衝突，但他整個生活的根基卻搖搖欲墜。他創造了一個理想化自我，以便讓自己顯得成功且完整，但同時也帶來了新的分裂。為了修復這個新裂縫，他試著將真實自我從內心衝突的戰場上排除出去，結果卻發現自己正陷入一個更加難以忍受的困境。

如此不穩定的平衡需要更多的維護手段。因此，精神官能症患者轉而求助於一些無意識的策略，它們包括：盲點、隔間化、合理化、過度自律、剛愎自用、飄忽不定和玩世不恭。我們不打算討論這些現象本身——這個任務太過精細，我們只想說明，這些**無意識策略**是如何被用於消除衝突的。

• • •

在精神官能症患者身上，他的真實行為和他的理想化形象之間的差異如此醒目，這讓人們不禁想問，他是怎麼做到視而不見的。不僅如此，對近在眼前的矛盾，他也能保持無知無覺，這種視域上的**盲點**正是我所關注的，它讓我注意到我所描述的衝突的存在和相關性。比如，一位患者具有服從型人格的所有特徵，並認為自己如耶穌一般，但他十分隨意地告訴我，在員工會議上，他經常用輕彈拇指的方式將同事一個個「擊斃」。毫無疑問，激發這些模擬性殺戮的破壞欲在當時是無意識的。但這一病例的重點在於，被他當作模擬遊戲的射擊行為，絲毫沒有干擾他耶穌般的理想化形象。

另一位患者是位科學家，他認為自己工作認真專注，而且是他所在領域的創新者，但他在發表論文方面遵循著純粹的投機主義動機，只提交他認為會給他帶來最高讚譽的論文。他對自己的做法絲毫不加掩飾——他照樣興致勃勃，對涉及的矛盾毫無知覺。同樣地，一位患者的理想化形象是善良、坦誠的人，但他卻盡想著從一個女孩那裡騙錢，然後花在另一個女孩身上。

顯然，在上述每個案例中，盲點的作用就是將潛在的衝突排除在意識之外。令人驚訝的是這種方法的可行程度。分析中，患者不僅在智力上，而且在心理學知識方面都顯得見多識廣，這種方法的可行性就更令人驚訝了。對我們不想看到的東西，我們往往會背過身去，但這個說法肯定不足以充分解釋盲點。還須增加的一點是，我們徹底清除某些東西的程度，取決於我們這麼做的收益有多大。總之，這種人為的盲點以一種十分簡單的方式表明：對承認衝突，我們是多麼厭惡。但就盲點而言，真正的問題在於，對上述例子中那樣顯著的矛盾，我們是如何成功地做到視而不見的。事實是，如果不借助某些特殊條件，盲點是不可能發生的。對自身情感體驗的極度麻木就是所需條件之一。另一個條件是斯特雷克爾提出的「在隔間中生活」。斯特雷克爾不僅為盲點提供了例子，而且還談及邏輯嚴密的隔間和分離理論。精神官能症患者將內心分割成不同區域（就像不同的隔間），它們分別用於朋友和敵人、家庭成員和外人、工作和私生活、同等身分的人和地位較低者。因此，對精神官能症患者來說，不同隔間發生的事情不會相互衝突。但只有當一個人已經因其衝突而喪失了對自身的整體感，他才可能以這種方式生活。

因此，隔間化既是衝突導致的分裂結果，也是避免承認衝突的防衛機制。這種心理過程與上文描述的理想化形象的情況並無不同——矛盾依然存在，但衝突卻被偷偷轉移了。很難說是理想化形象導致隔間化的產生，還是隔間化催生了理想化形象，但可能的情況是，「在隔間中生活」這一事實更為根本，是它導致了某種類型的理想化形象的產生。

對隔間化現象的理解必須考慮到文化因素。在很大的程度上，人已經淪為精密的社會體系中的一個齒輪，人與自身的疏離幾乎成了普遍現象，人的自身價值也已衰退。

我們文化中無數懸而未決的矛盾，催生了道德知覺的普遍麻木。比如一個人在前一天還是虔誠的基督徒或慈愛的父親，而第二天他就表現得像個惡棍。但人們對待道德標準的態度十分隨意，沒有人會對這種現象感到大驚小怪。[1]在我們身邊，內心一致且完整的人已經很少了，我們幾乎找不到一個這樣的榜樣，用以映照我們自身的碎片化形象。佛洛伊德堅持在分析情境中

1 原註：林語堂，《啼笑皆非》（*Between Tears and Laughter*），約翰．戴出版公司，一九四三年。

放棄道德價值——他視心理學為自然科學的結果——這使得分析師在面對道德層面的矛盾時和患者一樣盲目。分析師認為，堅持自己的道德價值或對患者的道德價值產生興趣，都是「不科學的」。事實上，除了道德領域，許多理論構想也都表現出對這類矛盾的接納。

• • •

合理化可定義為以推理的方式自欺。一般認為，合理化主要用以自我辯護，或使一個人的動機和行為與公認的思想觀念相一致，但這種觀點只在一定程度上是正確的。這個觀點暗示，生活在同一文化中的人，其合理化方式是一樣的。但事實上，被合理化的內容和合理化方式都存在極大的個體差異。如果我們把合理化看作幫助營造虛假和諧的精神官能症方法之一，合理化的個體差異就是完全自然的。在圍繞基本焦慮築造起來的防禦工事的每個支架上，我們都能發現合理化這個心理過程的運作。透過推理，主導型態度被強化，那些可能暴露衝突的因素要麼被縮減到最低限度，要麼被重新改造以便與主導型態度相吻合。如果我們把服從型人格和攻擊型人格加以比對，我們就能發現，自欺式的推理是如何幫助人格具有合理性。在服從型人格中，儘管存在強烈的控制他人的傾向，但他還是將他的樂於助人歸因於自己的同情心；如果控制欲太過明顯，他就會將其合理化，稱之為熱心。而對攻擊型人格來說，即使他在幫助別人，他也會堅稱，自己的行為是出於個人利益的考慮，因而不帶任何同情的情感因素。理想化形象總是需要大量的合理化支撐：真實自我和理想化形象之間的矛盾，必須透過推理的方式加以排除。在外化中，患者透過合理化來證明外部環境的相關性，或者來說明自己無法接受的那些特質只是對他人行為的一種「自然」反應。

• • •

**過度自我克制**這一傾向非常強大，有段時期，我甚至將它看作原初精神官能症傾向之一。[2]它的功能就像一座堤壩，用以防禦相互矛盾的情感洪流。起初，它經常是與意志力相關的意識行為，但最終，它通常會演變為多少有點機械的無意識行為。無論出於什麼原因——熱情、性興奮、自憐、憤怒——過度克制的人都不允許自己失去自制力。在分析中，他們在自由聯想方面表現出最大的困難；他們不會借酒精振作精神；他們更願意忍受痛苦而不是陷入麻木。簡而言之，他們努力遏制所有自發性。過度自我克制會在以下類型的患者身上得到最為穩固的發展：他們的衝突是公然顯露的；他們尚未採用任何常用方式壓制衝突；他們尚未優先採用相互衝突的態度模式中的任何一種，也沒有完全離群索居以免受衝突的影響。在這類患者身上，他們僅透過自身的理想化形象保持完整，但顯然，如果缺少其他方式的幫助，理想化形象的黏合力還不足以建立內心的整合。如果理想化形象只是由相互矛盾的元素組合而成，它就尤其不能勝任這個工作。在這種情況下，無論是有意還是無意，意志力都會被用來控制相互衝突的衝動。因為憤怒激發的暴力

2 原註：參見卡倫・荷妮，《自我分析》。

衝動最具破壞性，所以精力被最大限度地貫注於對憤怒的控制。但憤怒因遭到壓抑而獲得爆炸性力量後，它轉而又需要更嚴格的自我克制來遏制。如果引導患者注意自己的過度克制，他會為它辯護，說自我克制作為一種美德，是每個有教養的個體必備的。但他忽視了他自我克制中的強迫性特徵。他情不自禁地用最僵化的方式克制自己，一旦沒能做到這一點，不管出於什麼原因，他都會陷入恐慌。這種恐慌可能出於對瘋狂的恐懼，因而它也清楚地暗示了自我克制的功能，即防止被分裂的危險。

• • •

**剛愎自用**具有雙重功能，它既可以消除來自內心的疑慮，也可以消除來自外部的影響。未解決的衝突必然伴隨著疑慮和優柔寡斷，當它們達到一定的強度，其力量足以使所有行動陷入癱瘓。另外，優柔寡斷不僅會出現在可能的行動過程中，還會表現為對自身、自己的權力和價值的懷疑。必然的，優柔寡斷的人極易受到影響。當我們擁有真實的信念，我們不會輕易動搖；但如果我們隨時都在十字路口徘徊不定，無法決定自己的前行方向，外部力量就很容易成為決定性因素，即便只是暫時的。

內心疑慮和外部影響會導致不確定性，因而削減了我們應對生活的能力。但對這些不確定性因素的容忍度，是有明顯的個體差異的。對患者來說，他越認為生活是一場無情的鬥爭，他就越容易將疑慮看作一種危險的軟弱；他越是離群索居，越堅守自身的獨立，他對外在影響的敏感就越容易成為他煩惱的源頭。

據我觀察，以攻擊型和迴避型為主導傾向的人格組合，是培育剛愎自用這一心理防衛最肥沃的土壤。攻擊性越接近意識表層，剛愎自用的態度就越具有鬥爭性。為了一勞永逸地消除衝突，他便專橫武斷地宣告自己永遠都是正確的。剛愎自用的心理機制極其注重「理性」的管控，因此，情緒被看作來自內部的背叛者，必然會遭到徹頭徹尾的壓制。剛愎自用或許可以帶來平靜，但那也是墓地裡的平靜。意料之中的是，這一類型的人憎恨分析，因為分析會攪亂他整潔的心理畫面，這對他而言是一種威脅。

• • •

**飄忽不定**與剛愎自用截然相反，但同樣是拒不承認衝突的有效方式。擅長於這種心理防衛的患者很像童話故事中的人物：他們在遭到追捕時會變成魚，如果這種偽裝不安全，他們又會變成鹿，而一旦落入獵人之手，他們就變成鳥兒飛走。你永遠無法明確證實他說的任何話：他們或否認曾經說過的話，或堅稱他不是那個意思。他們有一種令人困惑的能力，能把問題變得晦暗不明。通常，他們無法具體報告某一事件，即使他們努力想這樣做，聽者最終還是無法確定到底發生了什麼。

他們的生活也充斥著同樣的混亂。他們這一刻還充滿惡意，下一刻已變得富有善心；有時候太過體貼，有時候又太自私冷酷；在某些方面盛氣凌人，但有些方面又謙遜退讓。他們本想找一位強勢的同伴，結果卻找了一個受氣包，最後又回復到先前的關係模式。在惡意對待他人之後，他們會被悔恨壓倒，想要做些補償，但又覺得自己像個「傻瓜」，然後又開始惡言相向。對他們來說，一切都不真實。

面對這樣的患者，分析師可能會感到困惑、失望，覺得自己沒有可用於分析的具體內容。他錯了。這類患者只是尚未找到常用的消除內心衝突的方法，因而無法整合自身。他們不僅沒能壓抑自己衝突的某些部分，而且還沒有建立起明確的理想化形象。在一定程度上，他們的狀態正好展示了精神官能症方法的效用。因為不管其後果多麼棘手，借助精神官能症方法發展起來的那些人卻更有條理，他們不會像飄忽不定型的人那樣處於迷失狀態。如果分析師以為這些患者身上的衝突是顯而易見的，因而他無須從隱蔽處挖掘它們，所以他的工作將會簡單一些，那麼他的這個想法同樣是錯誤的。與之相反，分析師將發現，他總是面臨同樣的難題：患者厭惡任何清晰性。除非分析師知道，飄忽不定就是患者用以迴避所有真實洞見的方法，否則分析師很容易因此受挫。

• • •

拒不承認衝突的最後一種防禦方式是**玩世不恭**，即否認或嘲笑道德價值。對精神官能症患者來說，總有一些標準是他可以接受的，而且他會頑固地堅持這些標準的某些方面。儘管如此，在每種精神官能症中，道德價值方面的不確定性都是根深蒂固的。雖然玩世不恭的起源各不相同，但它的功能卻是恆定的——透過否認道德價值的存在，精神官能症患者無須向自己確定他的真實信念。

玩世不恭可以是有意識的，它成為馬基維利傳統中的一種處世原則，並因此而受到保護：所有那一套都是裝裝樣子而已；只要不被抓住，你可以為所欲為；只要那個人不是天生愚蠢，他就一定是個偽善者。不管分析師在何種語境下使用「道德」一詞，玩世不恭的患者都會非常敏感，就像佛洛伊德時代的患者對「性」一詞的反應一樣。但玩世不恭也可以是無意識的，隱藏在對普世觀念的表面讚賞之下。他可能無法意識到玩世不恭對他造成的約束，但他的生活方式，以及他對自己生活的談論方式都表明：玩世不恭是他的行事準則。

或者，他會在不經意間陷入矛盾。就像一位患者，他確信自己推崇誠實和正派，卻羨慕所有慣用不正當手段卻從未遭到懲罰的人，並且對自己從未「有幸逃脫」懲罰感到憤憤不平。在恰當的時間幫助患者充分意識並理解自己的玩世不恭，這是治療中的重要環節。另外，分析師還必須向患者解釋，為何建立起自己的道德價值體系是有利的。

• • •

至此，前述所有方法都是圍繞基本焦慮這個核心修築起來的防衛機制。

為簡便起見，我把整個防衛機制稱為**保護性結構**。通常情況下，每種精神官能症都包含這些防衛方式，但它們的活躍程度各不相同，因而每種精神官能症都會發展出特定的防衛機制。

**NOTE**

- 謊言就像拼綴物，它可能有些許幫助，卻孕育新的問題，轉而又需要新的權宜之計。試圖消除基本焦慮的精神官能症方法就像一個個謊言。要想真正解決基本焦慮，除了徹底改變產生最初障礙的心理條件之外，任何方法都不會產生真正的效果。
- 精神官能症患者將內心分割成不同區域（就像不同的隔間），它們分別用於朋友和敵人、家庭成員和外人、工作和私生活、同等身分的人和地位較低者。

因此，對精神官能症患者來說，不同隔間發生的事情不會相互衝突。但只有當一個人已經因內在衝突而喪失了對自身的整體感，他才可能以這種方式生活。

- 對隔間化現象的理解必須考慮到文化因素。在很大程度上，人已經淪為精密社會體系中的一個齒輪，人與自身的疏離幾乎成了普遍現象，人的自身價值也已衰退。文化中無數懸而未決的矛盾，催生了道德知覺的普遍麻木。
- 以攻擊型和迴避型為主導傾向的人格組合，是培育剛愎自用這一心理防衛最肥沃的土壤。

# PART 2

# 衝突未解決的後果

# 第九章 恐懼

如果希望最終能找到自身完整性，
就必須讓自己置身於這些恐懼之中

任何精神官能症問題，都是由錯綜複雜的細節構成的迷宮，因而我們很容易在更深入探索這些問題時迷路。這很正常，因為想要瞭解精神官能症，我們就必須面對精神官能症的複雜性。儘管如此，我們還得時不時停下來，重新定位觀測的角度，這對我們的探索是有幫助的。

我們已經密切關注了「保護性結構」的步步發展。我們也已發現，防衛機制是如何一個接一個地聚集起來，直至形成相對穩定的人格結構。患者在這個過程中投注了無限的努力，這給我們留下了最深刻的印象。據此，我們不禁揣度：究竟出於怎樣的動力，一個人才會被驅使著踏上這條艱辛的道路，一條對他而言充滿代價的道路？我們自問，是什麼力量使保護性結構變得如此僵化，如此難以改變？

對基本焦慮的破壞性力量的恐懼，是整個過程的唯一動力嗎？在此，我要試著打個比方，以便開闢出一條通往答案的道路。就像所有類比一樣，我只在最廣泛的意義上使用這個方法，而不是提供精確的相似物。讓我們假設，一個人有著不光彩的歷史，但他借助謊言和偽裝踏入某個社會群體。自然的，他將生活在恐懼中，擔心自己以前的事情敗露。但隨著時間的推移，他的處境有了改善。他交了朋友，找到了一份工作，組建了家庭。他珍惜自己的新處境，害怕失去自己擁有的一切，因而他又被新的恐懼所困擾。他為自己體面的社會地位感到自豪，這使得他與自己令人不快的過去疏遠了。他把大量的錢財捐給慈善團體，甚至捐給他以前的同事，以便抹去以往生活的痕跡。但同時，他人格方面發生的變化開始使他陷入新的衝突，其結果是：

他當下的生活在虛假的前提之下發展了起來，現在卻成為潛伏在他的障礙之下的一股暗流。

精神官能症患者建立起來的人格結構也是如此：基本焦慮仍然存在，但發生了變化。衝突的某些方面得到了緩和，其他方面卻加劇了。但由於人格發展過程中固有的惡性循環，隨後出現的衝突變得更加緊迫，其主要原因就在於，每一種新的防衛機制都會進一步阻礙精神官能症患者與自己及他人的關係——正如我們已看到的，這是滋生衝突的土壤。另外，愛、成功、疏離、確立的理想化形象，這些新的元素儘管被幻覺籠罩著，卻開始在他的生活中發揮重要作用，因此他害怕出現不同的狀態，他擔心他所珍愛的這一切會受到危害。總之，在整個發展過程中，他與自身的距離越來越遠，這使他喪失了越來越多原本可以幫助自己擺脫困境的自我影響力。惰性出現了，它取代了有序的成長。

•
•
•

保護性結構雖然僵化，卻非常脆弱，因而它本身就會導致新的恐懼。恐懼之一就是擔心結構的平衡會被打破。儘管保護性結構提供了一種平衡感，但它是極易被顛覆的平衡。精神官能症患者並不會有意識地察覺到這種威脅，但他會不可避免地透過其他方式感受到這個威脅。經驗告訴他，他會在不明緣由的情況下被拋入失調狀態，他會在最預料不到或最不希望的情況下突然感到憤怒、興奮、憂鬱、疲乏或羞怯。這類體驗的累積會給他帶來一種不確定感，一種他無法信賴自己的感覺。這讓他感到如履薄冰。他的這種不平衡感還可能體現在步態或姿勢上，或者表現為缺乏保持身體平衡所必需的行為技巧。

**擔心失去平衡最具體的表現是害怕發瘋。如果這種擔憂達到顯著的程度，就會促使患者尋求精神病治療。**在這種情況下，恐懼還來自那些被壓抑的、想要做所有「瘋狂」舉動的衝動。這些衝動大部分都具有破壞性，而且自覺無須對所做的事情承擔責任。但是，對瘋狂的恐懼不該被當作患者可能真的發瘋的跡象。通常，這種恐懼是短暫的，而且只在強烈的精神痛苦之下才會出現。最容易激發這種恐懼的因素有：對理想化形象的突然威脅，或者劇增的緊張感——主要由無意識的憤怒導致——它將過度自律推至危險境地。比如，一位女患者認為自己不僅性情平和而且很有膽量。但在一次困境中，她遭遇了一次恐慌發作，她被無助、恐懼和猛烈的憤怒所折磨。理想化形象曾如鋼鐵般牢固地將她整合成一體，但它的突然發作給她帶來一種瀕臨崩潰的恐懼。我們還曾談及迴避型患者所遭遇的那種恐慌：一個離群索居的人從自己的藏身之地被拖拽出來，投入與他人近距離的接觸中——比如他必須參軍或與親戚一起生活，這種恐懼也可以表現為對瘋狂的擔憂。而且在這種情況下，精神病可能真的會發作。患者竭盡全力創造了虛假和諧，但在分析中，他突然認知到自己是分裂的，此時，相似的恐懼也會出現。

分析過程證明，在大部分情況下，對瘋狂的恐懼是由無意識的憤怒促成的。在分析中，這種恐懼消退了，但其殘餘則以新形式的憂慮表現出來，患者擔心自己可能在喪失自我克制的情況下侮辱或攻擊他人，甚至殺人。因此，他就會擔心自己在睡夢中、在酒精作用下、在麻木狀態，或在性興奮中犯下暴力行為。憤怒本身可能被察覺到，或以不帶任何情感色彩的強迫性暴力衝動出現在意識中。但憤怒也可以完全是無意識的，在那種情況下，患者所有的感受就是陣發性的、模糊的恐慌，或許還伴有盜汗、暈眩，或對暈厥的恐懼——預示著對暴力衝動可能失控的擔憂。當無意識的憤怒被外化時，患者可能就會害怕暴風雨、鬼、盜賊、蛇等，也就是說，害怕自身之外一切潛在的破壞性力量。

但對發瘋的恐懼終究還是相對稀少的，它只是「害怕失去平衡」這個恐懼感最顯著的表現而已。一般而言，擔心失去平衡的恐懼以一種更加隱蔽的方式發揮著作用，它的表現形式模糊而不確定，但生活中固定模式的任何改變都會激發它。受制於這種恐懼感的人一想到要旅行、搬家、更換工作，或換新的女僕等，就會感到極度不安。他們會想盡一切辦法避免這些變化。心理分析也是對人格穩定性的一種威脅，可能正是出於這個原因，患者往往會抵制分析，特別是當他們已經找到了一種能讓一切運轉良好的生活方式。當他們討論分析的可取性時，他們關注的問題乍看之下顯得非常合理：分析會破壞他們的婚姻嗎？分析會使他們暫時性地失去工作能力嗎？分析會讓他們感到煩躁不安嗎？分析會影響他們的宗教信仰嗎？正如我們將要發現的，這些問題在一定程度上是由患者的絕望感導致的，他覺得冒任何風險都是不值得的。但他的問題背後也隱藏著真正的憂慮，他需要有人向他反覆保證，分析不會打破他的平衡。在這種情況下，我們就有把握假設患者的平衡特別不穩定，而分析將是件艱難的任務。

分析師能給患者想要的保證嗎？不，他不能。每次分析都必定導致暫時性的混亂。分析師能做的是，尋找問題的根源，向患者解釋他恐懼的源頭，並告訴患者，雖然分析會顛覆他當下的平衡，卻能使他有機會在更為穩固的基礎上建立新的平衡。

• • •

保護性結構帶來的另一種恐懼是害怕暴露。在保護性結構的發展和維護過程中，患者採用的眾多**偽裝**，正是這種恐懼的根源。在討論未解決的衝突對道德誠信造成的損害時，我們會詳細描述偽裝的表現。就目前而言，我們只需指出，無論是對自己還是對他人，精神官能症患者都希望表現出與他的真實形象不同的一面——更和諧、更理性、更慷慨、更強大，或更殘忍。在自己面前或在他人面前暴露真相，患者究竟懼怕哪個？這很難說。在意識層面，患者關注最多的還是他人。他越是外化他的恐懼，他就越擔心他人會發現他的真面目。在那種情況下，他可能會說：他怎麼看待自己並不重要；即使他發現了自己的弱點，只要別人不知道，他就可以從容面對。事實並非如此，但這就是患者有意識地感知的方式，而且也表明了其外化的程度。

害怕暴露既可以表現為一種模糊的感覺：認為自己是在唬人；也可以混同於某種特定的品性，它與患者真正為之困擾的東西幾乎沒有太大關聯。他可能擔心自己不像人們所認為的那樣受過良好教育，那樣聰明能幹，那麼有吸引力，因而他就把這種擔憂轉移到他性格中並不具備的某些特徵上去。比如：據一位患者回憶，他在少年時期一直被一種恐懼困擾著——他擔心自己在班上名列前茅完全是由於他弄虛作假。每當他確信別人要揭穿他時，他就轉學，但當他再得第一時，他心裡仍然充滿恐懼。這種感覺讓他迷惑不解，但他無法確切說出這種感覺的緣由。他無法識破問題的真相，因為他沒找對解決問題的門路：他對暴露的恐懼與他聰明與否無關，而只是被轉移到這方面。事實上，他的恐懼只與他無意識的虛假觀念有關。他假裝自己是一個不在乎成績的好人，但其實他被一種戰勝他人的破壞性需求攪得心神不寧。

從這個案例中，我們可以得出相應的結論：擔心自己是在欺騙，這種恐懼總是與某種客觀因素相關聯，但通常不是患者本人以為的那樣。從症狀上來說，這種擔憂最明顯的表現是臉紅，或害怕自己臉紅。患者擔憂被揭穿，其實是一種無意識的藉口。如果分析師注意到他的恐懼，以此推測患者一定為某些經驗感到羞恥，或隱藏了某些經驗，且開始尋找這些經驗，那他將犯下嚴重的錯誤。患者可能並沒有隱瞞任何這類事情。接下來將發生的是，患者越來越擔心，認為自己身上必定存在某種他無意識中不願透露的特別壞的東西。這種情形只會助長患者的反省和自責，卻無助於任何建設性的突破。患者或許會進一步提供自己的性經驗或破壞性衝動的細節。但是，只要分析師沒有認知到患者正困在衝突之中，而他自己的工作只關注了衝突的其中一面，患者對暴露的恐懼將依然如故。

任何情境都能激發對暴露的恐懼。對精神官能症患者來說，新情境就意味著接受考驗，它包括：開始新的工作、結交新的朋友、到新的學校就讀、考試、社交聚會，或任何一種可能讓他嶄頭露面的工作，即使只是參加討論。對失敗的恐懼作為一種清晰的情感體驗，通常不會因成功而得到緩和，因為它事實上與暴露有關。他只會覺得，這次他「應付過去」了，但下一次又會怎樣呢？如果他失敗了，他只會更加確信，自己一直就是在欺騙，而這一次他露餡了。這種感覺帶來的後果之一就是羞怯，在任何新的環境中，情況更是如此。另一個後果，就是在面對喜愛或讚賞時表現出的謹慎。他會自覺或不自覺地想：「他們現在喜歡我，但如果他們真的瞭解我，他們的感覺就不一樣了。」自然，這種恐懼會對分析造成影響，因為分析的明確目的就是「發現」。

每種新的恐懼都需要一套新的防衛機制。為了抵禦對暴露的恐懼，新的防衛機制被建立起來，其特徵取決於整個人格結構，分屬兩種截然相反的類型。一種類型傾向於迴避所有考驗性情境：如果無法迴避，就採用矜持和自我克制的方式，並戴上不可穿透的面具。另一種類型屬於無意識的努力，試圖成為完美的騙子，從而無須害怕暴露。這種態度不單單是防禦性的：對那些以替代性方式生活的攻擊型患者來說，他們會巧妙地欺騙，並透過這種方式給那些他想利用的人留下深刻印象；他們會狡猾地反擊任何針對自己的質疑。此處，我所指的是那些公然施虐成性的人。稍後，我們會探討施虐是如何與整個保護性結構相契合的。

• • •

患者害怕暴露什麼？萬一他暴露了，他害怕的又是什麼？如果我們為這兩個問題找到答案，我們就能理解對暴露的恐懼了。我們已經找到了第一個問題的答案。為了回答第二個問題，我們需要先討論另一種恐懼：害怕被忽視、被羞辱和被嘲笑，它同樣源自保護性結構。如果保護性結構本身的不穩定讓人擔心失去平衡，無意識的欺詐滋生對暴露的恐懼，那麼被傷害的自尊則導致對羞辱的恐懼。在談論其他相關內容時，我們已經談及這個問題。為了修復被損害的自尊，患者所做的嘗試就是創造理想化形象和外化，但正如我們所發現的，這兩種方式只是進一步加重了這種損害。

如果我們俯瞰**自尊**在精神官能症發展過程中的遭遇，我們就會發現兩組蹺蹺板式的心理過程。當現實的自尊水準降低，不切實際的驕傲就會上升——為自己如此優秀，如此有進取心，如此獨特，如此無所不能、無所不知而感到自豪。在另一組蹺蹺板式心理過程中，一旦精神官能症患者的真實自我相形見絀，他人就會被抬升至偉人的高度，從而構成一種平衡。透過壓抑、理想化和外化，自我的大部分被遮蔽，患者再也看不見他自身；即使他沒有真的變成影子，他也覺得自己像影子一般失去了重量或實體。同時，他對他人既需要又害怕，他人對他而言不僅更令人畏懼，而且更加必不可少。因此，他的生命重心最終依託在他人而不是自己身上，他將本該屬於自己的特權讓渡給了他人。結果，他把他人對自己的評價看得過分重要，而他的自我評價卻失去了意義，他人的意見獲得了壓倒性力量。

上述心理過程是所有精神官能症的重要構成部分，正是因為這個原因，在精神官能症患者中，對被忽視、羞辱和嘲笑的高度敏感是最常見的，他們極易在這些方面受到傷害。如果我們認知到，對被忽視的恐懼有著多種源頭，我們就能明白，去除甚至減小這種恐懼都不是件容易的事。只有當精神官能症減弱到一定程度，這種恐懼才可能緩和。

總之，這種恐懼的後果是，它致使精神官能症患者遠離他人，並對他人充滿敵意。但更重要的是，這種恐懼會在不同程度上限制受它折磨的人的行動力。他們不敢對他人抱有期待，也不敢為自己設立高的目標。他們無論如何都不敢接近看起來優於他們的人；他們不敢表達自己的觀點，儘管這些觀點可能很有價值；他們即使有創造力也不敢發揮；他們不敢使自己變得有吸引力，給人留下深刻印象，或尋求更好的職位等等。他們雖然想朝這些方向努力爭取，但一想到可能成為笑柄的可怕前景便忍不住退縮，轉而在矜持和自尊中尋求慰藉。

害怕自身發生任何改變，這種恐懼比我們已描述的其他恐懼更加難以察覺。可以把這種恐懼看作一種混合物，它由上述所有恐懼和精神官能症發展中出現的其他恐懼混合而成。對待這種改變，患者會採用兩種極端的態度。他們要麼聽任整個問題處於朦朧狀態，覺得在某個模糊的將來，變化會像奇跡一般發生；要麼在對問題不甚明瞭的情況下，試圖快速發生改變。在第一種情況中，他們心存僥倖，認為只要對問題瞥上一眼，或承認一個小弱點，改變就完成了。為了自我實現，他們必須改變自己的態度和內在驅力，但這個觀點對他們來說就像迎面痛擊，令他們心神不安。他們當然懂得這個提議的效用，但在無意識中他們還是拒絕接受。第二種態度與之相反，它相當於無意識地假裝改變。一方面，它是患者一廂情願的想法，源自患者無法容忍自身的任何不完美；另一方面，它也取決於患者無意識的全能感，他認為讓困難消失這個願望本身就足以消除困難。

對變化的恐懼背後隱藏著一種疑慮：擔心改變會讓情況變得更糟。首先，患者擔心，在失去理想化形象之後，他又成為那個被擯棄的自我，與其他人毫無二致；他還擔心，分析會使他成為一具空殼。其次，他對未知充滿擔憂，他也害怕放棄迄今為止已掌握的防衛機制和令人滿意的方法，特別是那些猶如幻象卻看似能解決衝突的方法。最後，他還擔心沒有能力改變——在討論精神官能症患者的絕望感時，我們將會更理解這種擔憂。

這些恐懼都產生自未被解決的衝突，而且，這些恐懼也是阻擋我們面對自我的障礙物。但是，如果我們希望最終能找到自身的完整性，我們就必須讓自己置身於這些恐懼之中。它們就像煉獄，是我們獲得救贖的必經之地，我們必須彷徨其中並穿越它。

## NOTE

- 每一種新的防衛機制，都會進一步阻礙精神官能症患者與自己及他人的關係。
- 每次分析都必定導致暫時性的混亂。分析師能做的是，尋找問題的根源，向患者解釋他恐懼的源頭，並告訴患者，雖然分析會顛覆他當下的平衡，卻能使他有機會在更為穩固的基礎上建立新的平衡。
- 在精神官能症患者中，對忽視、羞辱和嘲笑的高度敏感是最常見的，他們極易在這些方面受到傷害。
- 如果我們希望最終能找到自身完整性，就必須讓自己置身於這些恐懼之中。它們就像煉獄，是我們獲得救贖的必經之地，我們必須彷徨其中並穿越它。

# 第十章 人格退化

獲得真正的內心自由必備條件是，勇於承擔責任和對自己負責

未被解決的衝突究竟會帶來怎樣的後果？探討這個問題就像踏入一塊無垠的、尚未被開墾的領地。或許，為了更理解特定障礙，我們可以從探討某些失調症狀著手，比如：憂鬱、酗酒、癲癇，或精神分裂等。但我寧可採用更加廣泛的研究視角，並提出如下問題：未解決的衝突對我們的精力、真誠和幸福會產生什麼影響？我這麼做的原因在於，我堅信，只有當我們瞭解了症狀之下的基本人性基礎，我們才有可能掌握症狀的意義。用信手拈來的理論公式解釋現存的併發症狀，這已經成為現代精神病學的一個趨勢。從處理這些症狀的臨床醫生的工作需要來看，這並非不自然。但這種做法的可行性

甚小，更別提它的科學性了，這就像地基尚未打好，建築工程師就建造大廈的頂樓一樣。

就我所提出問題的構成內容而言，有些我們已經提及過，現在需要進一步地闡釋；有些已經包含在我們先前的討論中；但還有一些，我們則需補充說明。我們的目的不是給讀者留下「未解決的衝突是有害的」這個模糊的觀念，而是要清晰全面地描繪出它們對人格造成的巨大損害。

首先，承受未解決的衝突需要耗費大量精力，不僅衝突本身會耗費精力，而且試圖消除衝突的所有迂迴的努力也會如此。當患者從根本上來說是分裂的，他就永遠不可能全心全意地將自己的精力集中在任何一件事情上，他總是希望追求兩個甚至更多互不相容的目標。這就意味著他要麼分散自己的精力，要麼以勤勉的方式使自己的努力變得毫無成效。前者適用於培爾·金特這一類型的人，他們的理想化形象誘使他們相信，自己在任何方面都能勝人一籌。在這種情況下，若一個女人的目標包括：堪稱典範的母親、完美的廚師和女主人、衣著漂亮、擔任重要的社會或政治角色、既是忠誠的妻子又享有婚外戀情……，除此之外，還從事一份收益頗豐的工作。無須贅言，這是做不到的。她必定實現不了這些追求，無論她潛在的天分有多高，她的精力都將被浪費。

更普遍的是，對某一個目標的追求也會受挫，因為互不相容的動機會相互遏制。患者可能希望成為別人的好友，但由於太盛氣凌人、為人苛刻，他這方面的潛能永遠得不到實現。還有患者可能希望自己的孩子能踏入社會、平步青雲，但他對個人權力的強烈欲望、他一以貫之的剛愎自用，都與這一美好願望相抵觸。還有患者可能想寫一本書，但一旦他無法一蹴而就，清晰地表達自己的思想，他就感到頭痛欲裂，或陷入極度的疲乏之中。這個症狀是其理想化形象導致的，他認為，既然自己才華橫溢，輝煌的思想就應該從筆端汩汩而出，就像兔子從魔術師的帽子裡蹦出來一樣。如果這種現象沒有發生，他就會對自己勃然大怒。還有的患者想在會議上發表自己頗有價值的觀點，但他希望自己的表達方式不僅給人留下深刻印象，還能使其他人相形見絀；同時，他又希望被人喜歡，避免引起反感；但由於自卑的外化，他又預先擔憂會遭人嘲笑。結果，他根本無法思考，他本該表達的思想永遠不可能成型。在另一個例子中，患者本該是一個很好的組織者，但他的施虐傾向卻使他對抗身邊所有的人。無須更多的例子了，如果我們觀察一下自己以及周圍的人，我們就能發現大量這樣的事例。

但也有明顯的例外，它與這種缺乏明確目標的情況剛好相反。有時候，精神官能症患者表現出一種古怪的目標專一：為了野心，男人可能會犧牲包括自己尊嚴在內的一切東西；除了愛，女人可能對生活中的其他任何東西都毫無眷戀；父母可能會將所有的興趣投注在孩子身上。這類患者給人以全心全意的印象。但正如我們已指出的，他們的追求看似為他們的衝突提供了解決方案，但事實上只是幻覺。表面的專心致志只是一種絕望中的努力，而不是人格整合基礎上形成的專注。

消耗和分散精力的不僅僅是相互衝突的需求和衝動，保護性結構中的其他防衛機制也會產生同樣的後果。由於基本焦慮的部分內容遭到壓抑，整個人格變得晦暗不明，被遮蔽的部分依然活躍，足以形成干擾，但卻無法發揮建設性作用。因而，壓抑過程造成了精力的流失，要不然，這些精力可用於確立自信、與人合作或建立良好的人際關係。再以保護性結構中的另一防衛機制——與自身的疏離——為例。它剝奪了患者的內在動力。患者依然可以是一位出色的工作者，他甚至能夠在外部壓力下做出相當大的成就，但一旦他在沒有外力援助的情況下獨立面對問題，他就會陷入崩潰。這不僅意味著他無法從事建設性工作，或享受他的閒暇時光，還意味著他所有的創造力都會被白白浪費。

在大多數情況下，構成保護性結構的不同防衛機制會結合起來，共同形成大範圍的彌散性壓抑。為了理解並在最終消除某種抑制，我們通常不得不多次返回到抑制本身，從我們討論過的所有角度對它加以處理。

• • •

精力的浪費或誤用，源自三種主要的障礙，它們都是未解決衝突的症狀。其中之一是普遍存在的**優柔寡斷**。從瑣碎之事到重大決策，優柔寡斷可能無處不在。選擇哪道菜、買哪個手提箱、看電影還是聽音樂……，在面對這些問題時，優柔寡斷的人可能會沒完沒了地搖擺不定。這類患者無法選定一項事業，或展開事業的任一步驟；無法在兩個女人之間做出選擇；無法決定是否離婚；無法決定去死還是活下去。如果他們必須做一個決定，而且這個決定是不可悔改的，這對他們而言將是一場真正的折磨，他們會萬分恐慌、精疲力竭。

儘管他們的優柔寡斷可能非常明顯，但他們自己卻經常毫無意識，因為他們會不自覺地儘量避免做決定。他們拖延，只是因為「抽不出時間」來處理；他們允許自己隨波逐流，或把決定權交給別人。他們還可能把問題弄得一團糟，從而讓自己不必做決定。他們因此變得毫無目標，但他們本人通常無法意識到這一點。無處不在的優柔寡斷被許多無意識機制掩蓋了，可能正是因為這個原因，分析師很少聽到患者抱怨自己優柔寡斷。但事實上，優柔寡斷是一種常見的障礙。

精力被分散的另一種典型症狀，是普遍存在的**軟弱無能**。在這裡，我指的並不是特定領域裡的無能，因為那可能是由於一個人對該領域缺乏訓練或興趣。它也不是威廉·詹姆斯所謂的「未開發的潛能」，就像他在一篇有趣的論文中指出的[1]，一個人如果不屈服於最初的疲勞跡象，還能頂住外部環境的壓力，他就會爆發出巨大的能量。我說的軟弱無能是指：患者由於內心的矛盾傾向而不能發揮他最大的努力。這就好比他開著車子卻沒有放開剎車，車子必然會減速一樣。可以毫不誇張地說，這個比喻在有些時候非常適合。患者做每件事的速度都低於他能力所擔保的，或事情的固有難度所需要的。這不是因為他不夠努力，相反地，他做任何事情都必須耗費過多的精

1 原註：威廉·詹姆斯（William James），《記憶和研究》（*Memories and Studies*），朗文出版社，一九三四年。

力。比如：他需要花費數小時寫一份簡單的報告或掌握一種簡單的機器設備。妨礙他的因素當然五花八門：他可能在不自覺地反抗他感到的壓迫；他可能被驅使著在每個微小的細節上追求完美；他可能對自己充滿怨氣，因為他沒能在首次嘗試時就表現得出類拔萃，就像上文提及的立志寫作的患者那樣。軟弱無能不僅表現在「緩慢」上，它還表現為笨拙或健忘。如果一位女僕或家庭主婦私底下覺得，像她這麼有天賦的人，居然做這種卑微的工作是不公平的，她就不可能將她的工作做好。她的無能通常不只局限在某個特定行為上，還會擴散到她所有的活動中。從主觀的角度來看，這意味著她在壓力下工作，其結果必然是容易感到極度疲憊，並且需要大量的睡眠。在這種條件下展開任何工作都必定耗費患者更多的精力，就像一輛踩著剎車行駛的汽車必將遭受損害一樣。

內心緊繃——和軟弱無能一樣——不僅存在於工作中，而且還會相當明顯地出現在人際關係中。如果患者想表示友善，但又對這個想法心存厭惡，因為他覺得這樣做是討好別人，他就會不自然；如果他想透過請求獲得某樣東西，但又覺得那是他應得的，他就會毫無禮貌；如果他想堅持自己的立場但又想服從，他就會遲疑；如果他想與人接觸但又擔心被拒絕，他就會害羞；如果他想和別人建立性關係，但又想挫敗對方，他就會冷淡，諸如此類。這種相互對抗的矛盾傾向越普遍，生活的緊繃感就越強。

有些患者能意識到這種緊繃感，但更多的是，只有當這種緊繃感在特定條件下加強了，患者才能意識到它。另外，患者偶爾能感到放鬆、自在，並處於自發狀態，在這些時刻的對照之下，患者也能突然意識到內心緊繃的存在。內心緊繃會導致疲勞，但患者通常會為它尋找別的原因——虛弱的體質、過量的工作和缺乏睡眠。這些因素的確可能有一定的作用，但比人們通常所認為的要小得多。

第三種症狀是普遍存在的**惰性**。受此困擾的患者經常責怪自己懶惰，但事實上，他們不能一邊偷懶，一邊又享受偷懶。他們可能對任何努力都抱有清醒的厭惡，並且將這種厭惡合理化，說他們只管出主意就夠了，實施「細節」（具體工作）是別人的事。對努力的厭惡還可能表現為一種擔憂，認為努力對他們有害。考慮到他們容易感到疲倦的這個事實，這種擔憂是可以理解的。而且這種擔憂還會被醫生的建議強化，因為醫生只是表面地看待他們的疲倦。

精神官能症的惰性會導致進取心和行動力的癱瘓。一般而言，它是強烈的自我疏離感和目標缺失導致的後果。長期的緊張和效果總不盡如人意的努力，使得精神官能症患者常常產生倦怠感——儘管有時候會出現短暫的活躍行為。在促成惰性的所有影響因素中，影響力最大的是理想化形象和施虐傾向。精神官能症患者將「必須付出持續的努力」這個事實體驗為一種羞辱，覺得它證明了自己不是理想化形象。一想到自己要做一些平庸的事情，他就什麼都不願做了，而寧可幻想著自己出類拔萃。理想化形象總會讓人產生備受折磨的自卑感，而自卑感又使他覺得自己所做的事未必是值得做的，結果便是，行動中的所有激勵和快樂都像流沙一樣被掩埋了。在施虐傾向，特別是被壓抑的施虐傾向（倒錯性施虐）中，因為患者竭盡全力抑制類似攻擊性的行為，結果造成或多或少的精神癱瘓。由此可見，普遍存在的惰性不僅影響人的行為能力，而且影響人的情感，因而它具有特殊的意義。因未解決的精神官能症衝突而浪費的精力之多是不可估量的。普遍存在的惰性是對人類天賦和品性的阻撓，它就像一份嚴厲的控告書，對充滿問題的文化提出了質疑，因為從根本上來講，精神官能症是特定文化的產物。

・・・

承受未解決的衝突不僅會分散精力，還必然會引起德行方面的分裂，也就是說，患者的道德原則以及影響其人際關係和自身發展的所有情感、態度和行為都會出現分裂。就像精力的分散導致浪費一樣，在道德問題上，分裂也會導致患者在道德層面無法全心全意，即導致道德誠信的受損。為掩蓋未解決衝突的矛盾本性，患者採用的道德立場往往相互衝突，這就會損害患者的道德誠信。

基本焦慮顯現出互不相容的道德價值。為了調和它們，患者嘗試了各種方法，但它們仍然各行其是。這就意味著，在基本焦慮中，沒有哪一種道德價值是或能夠被認真對待。**理想化形象儘管包括真實理想的因素，本質上卻是偽造品**，患者本人和沒有經驗的觀察者，很難將它與真實理想區分開來，就像人們很難區分假鈔和真鈔一樣。正如我們所發現的，精神官能症患者可能真誠地認為自己追隨著理想，可能會因每個明顯的過失而苛責自己，從而給人一種印象：他在恪守其標準方面過於盡心盡責了。或者，精神官能症患者會讓自己陶醉於有關價值和理想的思考和談論，但他從來沒有認真對待過他的理想。我的意思是，他們缺少一種為自己的生活擔負責任的能力。只有在情況對他有利且容易面對的時候，他才將價值和理想用於實踐，而在其他時候，為了方便，他就會放棄它們。在討論盲點和隔間化的時候，我們就關注過類似事例——對於認真對待自己理想的人來說，那些事例是不可思議的。但這並不等於真實的理想不會被輕易拋棄。例如一個有著良好誠信的人，他聲稱自己具有獻身某項事業的激情，可是一旦碰到誘惑，他就背叛了那項事業。

一般而言，道德誠信的損傷具有兩個特徵：真誠度降低，自我中心意識上升。有趣的是，在禪宗典籍中，真誠等同於內心整合，這也正是我們從臨床觀察中得來的結論：內心分裂的人不可能完全真誠。

> 僧問：獅子捉兔亦全其力，捉象亦全其力，未審全個什麼力？
>
> 老宿云：真誠（從字面上來講，不欺之力）。
>
> 真誠，即不欺騙，即「全身心投入」，按字面意思就是「整個存在於行動之中」……沒有保留、沒有偽裝、沒有浪費。如果一個人以這種方式生活，那他就是一頭獅子；他剛強雄健、真誠、全心全意，他是聖人。[2]

2 原註：鈴木大拙，《禪與日本文化》（*Zen and Japanese Culture*），東方佛教協會（東京），一九三八年。

自我中心需要他人屈從於自己的需求，就此而言，它是一個道德問題。患者不把他人當作擁有自身權利的人來看待和對待，而僅僅將他人視為實現自己目的的工具。他撫慰或喜歡他人，是為了減輕自己的焦慮；給他人留下深刻印象，是為了提升自己的自尊；譴責他人，是因為自己無力承擔責任；擊敗他人，是因為自己必須勝利……。

道德損害的特定表現方式因人而異。在討論其他相關問題時，大部分表現方式已被論及，此處只需以更系統的方式加以回顧。我不打算做到詳盡無遺，因為在尚未討論施虐傾向之前很難做到這一點。但施虐傾向被認為是精神官能症發展的最後階段，我們不得不推遲對它的討論。就讓我們從道德損害最明顯的表現方式開始。無論精神官能症以何種方式發展，無意識的偽裝總是發展中的一種防衛機制。以下是無意識偽裝的顯著表現：

• • •

**愛的偽裝**。「愛」這個詞本身所涵蓋的，或人們主觀體驗到的，種種情感和追求之多，令人驚訝。對自覺太過軟弱和空虛，因而無法獨立生活的人來說，愛可能包含一種寄生的期望。[3]在更具攻擊性的人格中，愛可能包含利用他人並透過他人獲取成功、聲望和力量的欲望。愛還可能是一種征服並戰勝某人的需求，或者是與對方合而為一，經由對方來生活的意圖（或許以施虐的形式）。愛還可能意味著希望被人崇拜，並以此維護對理想化形象的自我確認。正是由於在我們的文化中，愛幾乎不再是一種真實的情感，所以虐待和背叛才無處不在，我們才會得到這樣的印象——愛變成了輕視、仇恨或冷漠。但事實是，愛不會如此輕易地發生巨變，最終顯露出來的其實不是愛，而是激發虛假之愛的情感和追求。無須贅言，這種愛的偽裝對親子關係、友誼以及兩性關係都造成了極大的影響。

**善良的偽裝**。善良、無私、同情等偽裝類似於愛的偽裝。它是服從型人格的特點，並因特定的理想化形象而得到強化，同時也是為了掩蓋所有攻擊

3 原註：參見卡倫・荷妮，《自我分析》，第八章〈病態依賴〉。

性衝動。

**興趣和知識的偽裝**。在與自身情緒疏離的人身上，對興趣和知識的偽裝表現得最為突出。他們相信單憑智力就可掌控人生。他們不得不假裝自己什麼都懂，對什麼都感興趣。但在那些看似全心全意投入某一職業的患者身上，這種偽裝會以更隱蔽的方式出現，他們沒有意識到，自己只是把這種興趣當作通往成功、權力和物質利益的墊腳石。

**誠實和公正的偽裝**。這種偽裝最頻繁地出現在攻擊型患者身上，尤其是有著明顯施虐傾向的人身上。他看穿了他人身上愛和善良的偽裝，並認為自己特別誠實，因為他不贊同普世的虛偽，即假裝慷慨、愛國、虔誠等諸如此類的東西。事實上，他的虛偽屬於另一種類型。他不持流行的偏見，這可能只是因為，他盲目懷疑並反對一切傳統價值。他的拒絕可能不是力量的體現，而是出自挫敗他人的願望。他的坦誠可能是為了嘲弄和羞辱他人。他對利己主義的正當性的認可，背後可能隱藏著利用他人的欲望。

**痛苦的偽裝。**這種偽裝需要更加深入的探討，因為圍繞它產生的觀點混亂不堪。嚴格遵循佛洛伊德理論的分析師和一般的佛洛伊德信徒相信，精神官能症患者希望被凌辱，希望感到焦慮，渴望被懲罰。精神官能症患者「希望」遭受痛苦，用以佐證這個思想的資料眾所周知。但事實上，「希望」一詞隱含著各種知識上的錯誤。這個觀點的提出者們沒能發現，精神官能症患者遭受的痛苦遠遠超出他所意識到的，而且只有在他開始康復時，他通常才逐步意識到自己的痛苦。更為關鍵的是，持上述觀點者似乎並不理解，未解決的衝突導致的痛苦是不可避免的，與個人意願完全無關。如果一位精神官能症患者聽任自己陷入崩潰，那他肯定不是出於自願才把這種傷害加諸自身，而是因為內心的某些必需之物迫使他這麼做。如果一位患者一味退讓，挨了一巴掌還把另一邊臉也送過去，他（至少在無意識中）是憎惡這樣做的，而且會因此鄙視自己。但他對自己的攻擊性如此害怕，以至於他必須走向另一個極端，聽任自己遭受某種方式的凌辱。

偏好痛苦的另一個特徵是喜歡誇大痛苦，或以戲劇化的方式表達痛苦。的確，人們對痛苦的感受和表現可能帶有某些隱密的動機。它可能是為了博取關注或請求原諒；它也可能被不自覺地用來剝削他人；它也可能是被壓抑的報復心的具體表現，因而可被當作實施懲罰的手段。但就內在宇宙[4]而言，這些都是精神官能症患者用來達到特定目的的唯一方法。同樣確鑿無疑的是，精神官能症患者經常把他的痛苦歸於虛假的原因，從而讓人覺得，他沉湎於痛苦之中完全沒有道理。比如，他可能鬱鬱寡歡，並把自己的痛苦歸因於他的「罪惡感」，而事實上，他的痛苦源自他與自己的理想化形象不相吻合。或者，在與愛人離別之後，他可能會感到失落，並把這種失落感歸因於他深沉的愛，但事實上，由於他內在的分裂，他無法忍受一個人生活。或者，患者還可能歪曲自己的情感，在他充滿憤怒的時候，他卻認為自己正在遭受痛苦。比如，一位女士認為，當她的愛人沒有在約定時間給她寫信，她會感到非常痛苦。但事實上，她感到非常憤怒，因為她期望一切都能如她所

4 譯註：內在宇宙（inner constellation），心理學術語，意指圍繞一個核心意念的思想感情組合。

願；或者她感到被羞辱了，因為她似乎沒有獲得自己所需的關注。在這種情況下，患者無意識地選擇了痛苦，而不願承認自己的憤怒及導致憤怒的精神官能症驅力，她還進一步強化了痛苦，因為它有助於掩蓋整個關係中的表裡不一。但是，所有這些病例都無法令我們推導出這個結論——精神官能症患者「希望」遭受痛苦。患者所表現出來的，只是一種無意識的痛苦偽裝。

• • •

道德損害的另一個特定表現是無意識的自負。我所指的「自負」是，或將自己沒有的品性歸為己有，或將自己稍有的品性加以誇大，並在此基礎上不自覺地認為，自己有命令和貶損他人的權力。所有精神官能症的傲慢都是不自覺的，因為患者無法察覺自己宣稱的權力中有任何虛假。但此處，我們不是要區分自覺或不自覺的自負，而是要區分明顯的自負和隱藏在過分謙虛和愧疚背後的自負。區別在於它們表現出的攻擊性的程度，而不是自負的程度。在明顯的自負中，患者會公然索要某種特權；而在隱蔽的自負中，如果這些特權不是自發地（而是在外力強制的情況下）給予患者，他就覺得受到了傷害。在這兩種情況下，患者都缺少一種真正的謙卑——不僅在言辭上，也在情感上真誠地承認人類的局限性和不完美，也尤其承認自身的不完美。在我的經驗中，患者都不願意思考或談論他自身可能存在的局限性。那些帶有隱蔽自負的患者更是如此，他可能寧可無情地譴責自己忽略了什麼，也絕不願和聖．保羅[5]一樣承認「我們的知識是零碎的」。他可能寧願責怪自己粗心或懶散，也不願意承認「任何人都不能時刻保持同樣的創造力」。隱蔽的自負最確鑿的跡象就是兩種態度之間的明顯矛盾：一方面以認錯的姿態自我譴責，另一方面對任何批評或外界的忽視心生怒火。想要發現這些被傷害的感覺，細緻的觀察常常是必需的，因為過度謙虛的人有可能會壓抑它們。但事實是，和公然自負的人一樣，這種類型的人很可能為人苛刻，對別人的批評也一樣嚴厲，儘管這種批評從表面上看來只是謙遜的讚美。然而，在內

5 譯註：聖．保羅（St.Paul，4-67），歷史著名神學家、傳教士，信仰基督教。

心深處，他對人和對己的期待是一樣的：完美。這就意味著他缺乏對他人獨特個性的真正尊重。

無力堅持確定立場會使一個人變得不可靠，這是精神官能症患者另一個道德缺陷。精神官能症患者很少根據一個人、一種觀念或一項事業的客觀價值來採取自己的立場，他們更多地以自己的情感需求為依據。但是，由於這些情感需求是相互矛盾的，所以一種立場可以輕易地轉換為另一種立場。因此，許多精神官能症患者非常容易動搖，就好像他們在無意識中被更深的愛、更高的榮譽、更多的賞識、權力或「自由」收買了一般。這種情況會出現在他們所有的人際關係中，無論是個體間的還是他與團體之間的。他們經常無法長久保持對他人的看法和感情。某個毫無根據的流言蜚語就可能改變他們的立場。一點失望或冷落，或者類似感受，就足以使他們與一位「摯友」斷交。一旦遭遇某種困難，他們可能就會從滿腔熱忱變為無精打采。他們會因為某種私人關係或個人怨憤就改變自己的宗教、政治或科學觀念。在私人交談中，他們可能堅持某種立場，但在某個權威或團體最輕微的壓力之下，他們就會屈服。他們還常常無法意識到自己為什麼改變主意，甚至無法意識到自己已經改變了主意。

一位精神官能症患者，可能會不自覺地避免表現出明顯的搖擺不定。他不會率先做決定，而是「保持中立」，讓所有選擇懸而未決。他可能會說，這是因為處境太過複雜，從而將自己的態度合理化。或者，他可能受制於一種強迫性的「公正」感。毫無疑問，為公正而真誠地奮鬥是有價值的。同樣，本著良知期盼公正，這的確會讓人更難表達明確的立場。但是，公正也可能是理想化自我的強迫性部分，它的功能就是使人無須採取立場，同時又讓他覺得，自己因超越偏見而得到了「神的眷顧」。這種情況會導致一種不辨是非的傾向——認為兩種觀點之間並無太大矛盾，或者認為爭論雙方都沒有錯。這是一種虛假的客觀性，它使得患者在任何事情上都無法認清問題的本質。

不同類型的精神官能症患者在這方面表現出巨大的差異。在那些真正疏離的人身上，我們可以發現最高程度的真誠。他們已經清除了病態競爭和病態依戀所造成的混亂，因而不再輕易被「愛」或抱負打動。另外，他們對生活保持一種旁觀者姿態，這也常常使他們的判斷具有相當的客觀性。但並不是所有迴避型患者都能表明立場。也許，他只是對爭端或承諾太過反感，所以不願意在內心深處採取明確的立場。他或讓問題亂作一團，或最多做一下好和壞、有效與無效的區分，而不會表達任何明確的觀點。

我已指出，精神官能症患者在表明立場方面一般存在困難。但是，攻擊型人格似乎與我的觀點相抵觸。特別是，如果他偏愛嚴格的公正性，他似乎就擁有非同尋常的表達、捍衛和堅持明確觀點的能力。不過，印象是有欺騙性的。在通常情況下，攻擊型患者會堅持明確的立場，並非出於他的真實信念，而是源自他的剛愎自用。他堅持己見是為了遏制對自身的所有懷疑，因此他的立場常常是武斷甚至盲目的。另外，攻擊型患者還可能被權力或成功的前景所誘惑，因而他的可靠性是有局限的，受到他追求主宰和讚賞的這個驅力制約。

• • •

精神官能症患者對責任感的態度令人迷惑。一方面，這是由於「責任感」一詞本身就具有多種含義。首先，責任感可能意指履行責任或義務的良知。在這個意義上，精神官能症患者特定的性格結構，決定著他是否具有責任心，不同的精神官能症患者在這個問題上並不具有共性。其次，對他人的責任感可能意味著，只要自己的行為會影響到他人，就要對自己的行為負責；但它同樣可能是支配他人的一種委婉說法。另外，如果承擔責任意味著承認過錯，那它可能只是患者因不符合自己的理想化形象而產生出的憤怒，在這個意義上，它和責任感毫無關係。

對自己負責究竟意味著什麼？如果我們真的理解這一點，我們就能明白，對任何一位精神官能症患者來說，想要擁有這種能力，即使不是不可能，也是非常困難的。首先，它意味著實事求是地向自己和他人承認自己的意圖和言行，並願意承擔相應的後果。這正好是撒謊和推卸責任的對立面。在這個意義上，精神官能症患者是很難做到對自己負責的，因為他對自己的所作所為及意圖一無所知，而且主觀上根本不想知道。這就是為什麼他總是撒謊、遺忘、貶低、不自覺地提供其他動機、感到被誤解，或陷入迷茫，他試圖透過這些方式逃避面對其行為的真相。由於患者傾向於使自己免於責任，他很容易想當然地認為，他的妻子、生意夥伴或他的分析師應該為出現的任何困難負責。而且，隱蔽的「全能感」這個常見的防衛方式，也會導致患者喪失為自己的行為承擔後果，甚至發現後果的能力。依仗這種全能感，患者期待自己隨心所欲地行事，且不用負責；如果認知到那些不可逃避的後果，這種全能感就會遭到破壞。無法按因果邏輯思考問題，是精神官能症患者無力承擔責任的最後一個原因。乍看之下，這像是一種智力缺陷。精神官能症患者普遍給人一種印象：他天生只能按照過錯和懲罰的模式思考問題。幾乎所有的患者都覺得分析師在責備他，但事實上，分析師只是迫使他面對自己的障礙及其後果。在分析環境之外，他也總覺得自己像一個受到懷疑和攻擊的罪犯，因而時刻處於戒備狀態。這其實是他內在心理過程的外化。就像我們已發現的，這些懷疑和攻擊的源頭來自他自己的理想化形象。由於自我挑剔和防衛的心理過程及其外化，一旦問題涉及自身，患者便無法弄清楚事情的因果關聯。但只要不涉及自身的問題，他便可以和其他人一樣實事求是。如果街道因為下雨濕了，他會採納因果關係，而不會問這是誰的責任。

另外，當我們談及對自己負責時，我們還意指一種能力和一種意願，即堅持自己的信念，並願意為自己可能出錯的行為和決定承擔後果。但對一個被衝突分裂的人來說，這同樣是個難題。就他內在相互衝突的傾向而言，他究竟該支持哪個呢？沒有任何一種傾向代表他的真實意願和信念。他唯一能真正支持的是他的理想化形象，但它不容許任何可能的差錯，因此，如果他的決定或行為引發了問題，他必須**篡改事實**，並將不利的後果歸罪於他人。

一個相對簡單的例子就能說明這個問題。患者是一位公司領導人，他渴望無止境的權力和聲望。公司的一切行動和決定都必須經過他的同意。儘管有些員工術有專攻，可能更有能力處理特定事務，但他卻沒有勇氣把權力分派給他們。在他的內心深處，他認為自己在任何方面都是懂得最多的行家，而且，他也不想讓其他人有機會勝出。光是因為時間和精力有限，他的這種自我期待就不可能實現。但患者不僅想要處於支配地位，他還具有服從型人格，想做一個大好人。這些未解決的衝突帶來的後果是：惰性和嗜睡，優柔寡斷和拖延，因而無法規劃自己的時間——這些都是我們已描述過的症狀。他覺得守時是令人無法容忍的強迫，所以他私底下很享受讓別人等待。他還做了許多瑣碎的事情，只因為它們滿足了自己的虛榮心。最後，他強烈渴望成為一位忠於家庭的男人，而這耗費了他大量時間和思慮，他的公司事務因此而運轉不良。因為看不到自身的這些缺陷，他把責任歸咎於他人或外部環境的險惡。

我們可以接著問，他能夠對自己人格的哪一部分負責？對他的支配傾向，還是他的服從、退讓和迎合的傾向？首先，他無法意識到任何一種傾向。但即使他意識到這些傾向，他也無法支持一種、放棄另一種，因為兩者都是強迫性的。另外，由於理想化形象的存在，他只能在自己身上看到理想的美德和無限的能力，其他什麼都發現不了。因此，他的衝突必然會導致不可避免的後果，但他卻無法為其承擔責任，因為這會把他急於向自己掩蓋的一切暴露無遺。

一般而言，精神官能症患者都特別不願意（無意識地）為自己行為的後果承擔責任。他甚至對最明顯的後果都視若無睹。由於無法消除自己的衝突，他便執著地相信（同樣是無意識地）自己強大有力，應該能夠應對這些衝突。他認為，後果只是別人應該考慮的；但對自己，不存在什麼後果。因而，他就必須不斷躲閃，拒絕承認因果法則。要是他願意考慮一下後果的話，它們就能給他帶來極大的經驗教訓，它們會以一種傻子都能明白的方式表明：他的生活系統出了問題，儘管他有那些無意識的狡詐和詭計；他不能隨意篡改人類精神世界的運轉法則，這些法則和物質領域的運轉法則一樣無情地制約著我們。[6]

事實上，精神官能症患者對責任感問題幾乎不感興趣。他只看到（或模糊地感覺到）責任感的消極面。他不能理解，而且需要透過學習才能逐步領會，正是由於他背棄了責任感，他才無法實現自己爭取獨立的強烈願望。他以挑戰的姿態排除一切承諾，並希望以這種方式獲得獨立，但事實上，獲得真正的內心自由必備條件是——勇於承擔責任和對自己負責。

・・・

精神官能症患者的問題和痛苦均來自他內心的障礙，但他拒不承認，以下三種防衛機制是他用以迴避問題的主要方式，而且經常是三種同時採用。

6 原註：參見林語堂的《啼笑皆非》。在〈業緣〉一章，作者發現西方文化缺少對於這些精神法則的理解，他對此感到驚訝。

首先，外化可能得到最大限度的應用。患者會因某個不幸事件而譴責一切：從食物、天氣或體質，到父母、妻子或命運。其次，他可能會擺出一副蒙冤的姿態，認為既然自己毫無過錯，那要自己遭受不幸就是不公平的。他居然會生病、變老甚至死去；他的婚姻居然會不幸福；他的孩子居然是個問題兒童；他的工作居然還未得到認可，所有這一切都是不公平的。無論他的想法是自覺還是不自覺的，其錯誤都是雙重的，因為就他所面臨的困難而言，這種想法不僅推卸了他本該承擔的責任，而且還拒不考慮所有外在於他但又影響他生活的其他因素。儘管如此，這種想法卻有它自身的邏輯。這是孤立者的典型思維方式——他只以自我為中心，他的自我中心使他無法認知到自己只是更大鏈條上的一個小環節。一方面，他完全想當然地認為，在特定的社會體系、特定時間內，他應該從生活中汲取所有的好處；另一方面，他又徹頭徹尾地厭惡與他人產生任何關聯，無論好壞。因此，他不明白自己為何要遭受與自己無關的事情而痛苦。

第三種防衛機制與患者拒絕承認因果關係有關。在他的頭腦中，未解決的衝突造成的後果只是獨立的事件，與他自己或他的障礙毫無聯繫。比如，憂鬱症或恐懼症（phobia）看起來就像從天而降，落在他的身上。當然，可能是因為缺少心理學知識或觀察，患者才產生這種想法。但我們在分析中發現，患者以最固執的態度拒絕注意任何隱性的關聯。

他可能對這些關聯持懷疑態度，或乾脆忘掉它們；他可能認為，分析師無法迅速去除那些令人苦惱的障礙——而這正是他接受分析的目的——便把責任「歸罪」於他，從而聰明地為自己挽回點面子。由此可見，患者可能對與自己惰性相關的因素有所瞭解，卻不願考慮一個顯而易見的事實——他的惰性不僅減慢了他的分析治療，而且使他所做的一切都變得緩慢。或者，患者可能已經意識到，自己對待他人的行為充滿攻擊和貶損，卻依然找不到自己與人吵架和不被人喜歡的原因。他身上存在的障礙是一回事，他真實的日常困擾卻是另一回事。他內在的心理問題與它們對其生活造成的影響相互分離，這是導致隔閡化傾向的主要原因之一。

精神官能症患者拒不承認精神官能症態度和驅力帶來的後果之間的關聯，但這種抗拒在很大程度上是被深深隱藏的，所以分析師很容易忽視，因為對分析師來說，兩者間的關聯顯而易見。這是令人遺憾的。要讓患者認知到，他對後果視而不見這個事實以及他這樣做的原因，只有這樣，患者才可能明白，他在多大程度上正妨礙著自己的生活。在分析中，意識到後果是最有療效的一個步驟，因為它會給患者留下這樣的印象：只有改變他自身內在的某些東西，他才可能獲得自由。

• • •

如果精神官能症患者無法為自己的偽裝、自負、推卸責任和自我中心負責，那我們是否可以從道德的角度討論這些問題呢？有人可能會說，作為醫生，我們只需關注患者的疾病和治療，他的道德問題不屬於我們的領域。可能還會有人指出，佛洛伊德的偉大功績之一，就是顛覆了我提倡的「道德主義」態度。

這些觀點被認為是科學的。但它們經得住推敲嗎？就人類行為方面，我們真的能排除對與錯的判斷嗎？如果讓分析師決定哪些行為需要分析性的考察，哪些不需要，他們難道不是依據他們有意識地排斥的判斷來著手工作的嗎？相反地，這些隱蔽的判斷潛藏著一種危險：它們的依據可能太過主觀，或者太過傳統。

比如：一位分析師可能認為，男人玩弄感情無須分析，而女人玩弄感情則值得細查。或者，如果分析師堅信，人應聽從性本能驅力的指引，過無拘束的生活，他就可能認為，無論男女，他們身上的忠誠都需要分析。事實上，類似判斷必須以具體患者的精神官能症為基礎。患者採用的態度是否會對他自己的發展、他的人際關係造成損害性的後果，這才是需要判斷的問題。如果答案是肯定的，患者的態度就是錯誤的，必須得到分析治療。分析師也應該將自己的判斷依據明確告訴患者，以便促使患者在這個問題上做出自己的決定。因而，認為精神分析無涉道德，這種觀點包含的謬誤與患者的思維方式相似——道德僅是對錯判斷的問題，而不首先是伴隨著一定後果的事實問題。

讓我們以精神官能症的自負為例。不管患者是否對這種病態的自負負有責任，它總是作為一個事實存在著。分析師認為，自負是患者應該面對並最終克服的一個問題。難道是因為分析師在主日學校學習過，知道自負是罪惡，而謙卑是美德，他才採取這種批判性立場嗎？還是說，分析師的判斷取決於這樣一個事實：自負是不切實際的，且會產生不利後果，無論它是不是患者的責任，它都將不可避免地成為患者的負擔？自負不僅阻礙患者瞭解自己，而且妨礙患者的成長。另外，自負型患者容易對他人不公，這同樣會產生深遠且不利的後果——患者不僅偶爾與他人發生衝突，還總是會疏遠他人，而這只會驅使他進一步身陷精神官能症。由於患者的道德一方面源於他的精神官能症，一方面也維持著精神官能症的存在，所以分析師別無選擇，他必須關注患者的道德。

**NOTE**

- 我堅信，只有當我們瞭解了症狀之下的基本人性基礎，我們才有可能掌握症狀的意義。
- 承受未解決的衝突需要耗費大量精力，不僅衝突本身會耗費精力，而且試圖消除衝突的所有迂回的努力也會如此。當患者從根本上來說是分裂的，他就永遠不可能全心全意地將自己的精力集中在任何一件事情上，他總是希望追求兩個甚至更多互不相容的目標。
- 普遍存在的「惰性」是對人類天賦和品性的阻撓，它就像一份嚴厲的控告書，對充滿問題的文化提出了質疑，因為從根本上來講，精神官能症是特定文化的產物。

- 正是由於在我們的文化中，愛幾乎不再是一種真實的情感，所以虐待和背叛才無處不在，我們才會得到這樣的印象——愛變成了輕視、仇恨或冷漠。但事實是，愛不會如此輕易地發生巨變，最終顯露出來的其實不是愛，而是激發虛假之愛的情感和追求。無須贅言，這種愛的偽裝對親子關係、友誼以及兩性關係都造成了極大的影響。

# 第十一章 絕望

精神官能症中的強迫性傾向不是本能，
而是不健康的人際關係導致的

儘管身陷衝突，精神官能症患者偶爾還是能體驗到滿足感，並能從他已適應的事物中獲得樂趣。但他的快樂依賴太多條件，因而很難成為經常性的體驗。比如，他只有在他獨自一人時，或非得要有他人相伴時，或他得是某一場合的支配人物，或要得到各方的贊同，他才能夠從某些事情中得到樂趣。並且，他的快樂所依賴的條件經常相互衝突，這一事實進一步減少了他獲得快樂的機會。他可能很樂意接受他人的領導，但同時又對此感到怨恨。一個女人可能既為她丈夫的成功感到高興，又對她丈夫心存嫉妒。她可能喜歡舉辦晚會，但為了把晚會辦得盡善盡美，她在晚會開始前就已感到疲憊不堪。即使精神官能症患者真的獲得一時的快樂，這種快樂也很容易因為他的各種弱點和恐懼而被破壞。

另外，患者會在腦海中放大日常生活中的任何不快。比如，他會因任何無關緊要的失敗而陷入憂鬱，因為失敗印證了他揮之不去的**無價值感**——即使失敗的原因超出了他的掌控範圍。他會因任何無害的批評意見而感到擔憂或沮喪。結果便是：他在本該感到快樂和滿足的情況下，通常仍然感到不快樂、不滿足。

光是如此，這種情況已經夠糟了，但進一步考慮，我們會發現情況其實更糟。只要抱有希望，人類對痛苦顯然有著令人驚異的忍耐力。但精神官能症障礙會讓人產生一定程度的絕望，而且障礙越嚴重，絕望感越強烈。絕望感可能會被掩藏得很深。從表面上來看，精神官能症患者可能一直忙於想像或計畫讓事態變好：要是他已經結婚，有一個更大的公寓、一位不同的領班、一個不一樣的妻子；要是她是男人，年紀再大一點或小一點、再高一點或不那麼高……那麼一切都會順利的。事實證明，排除某些干擾因素有時候的確會有幫助。但在更多時候，這些希望只是內心障礙的外化，它們註定會以失望告終。精神官能症患者期待：外部事物的改變會給他帶來一個更好的世界。但他總是不可避免地將自己及其精神官能症帶入每一個新的處境。

當然，將希望寄託在外部事物之上，這種現象在年輕人群體中更為常見。因此，對一位年輕患者的分析並不像人們期望的那麼簡單。隨著年齡的增長，希望一個接一個地破滅，人們會更願意仔細審視自身，並把自身看作造成不幸的可能根源。

即使無處不在的絕望感是無意識的，我們還是可以從各種跡象中推測出它的存在及力量。在精神官能症患者的生活史中，總有某些事件表明，他曾在一段時間內遭受過與其觸發點完全不相稱的強烈失望。分析師可能會發現，諸如青春期無果的愛情、朋友的背叛、不公正的解聘或考試失利等，都會導致一種徹底的絕望。當然，分析師一開始也努力為如此固著的反應尋找原因。但除了那些具體原因之外，分析師通常還會發現，不幸的經歷只是更深的絕望之淵的引流管。

同樣，老想著死或隨時浮現的自殺念頭（無論真心與否）也證明絕望感無處不在，儘管患者展示出的外表是樂觀的。無論在分析場合還是平時，患者都拒絕嚴肅對待任何事情，這種普遍存在的輕率，和在困難面前容易氣餒一樣，都是絕望的另一個跡象。大部分被佛洛伊德定義為消極的治療反應都屬於這種情況。重新審視內心儘管令人痛苦，卻能提供解決方案，但患者對此感到灰心喪氣，他們不願意再次經歷解決問題的艱難過程。有時候，這看似是因為患者缺乏克服特定困難的勇氣，但實際上，他缺乏的是從克服困難中獲益的希望。在這種情況下，患者自然要抱怨這種特別的內心洞察力傷害了他或令他害怕，怨恨分析師將自己弄得心煩意亂。

熱衷於預測未來也是絕望的標誌。儘管在表面上，這看似出於對整個生活、意外或犯錯的焦慮，但我們還是能夠發現，在此心境下形成的對未來的展望，總是浸染著悲觀的色彩。就像卡珊德拉[1]一樣，許多精神官能症患者預見的未來大都是不幸的，好的很少。患者無論怎樣聰明地將他根深蒂固的絕望合理化，還是會被分析師給察覺，他總是更關注生活的黑暗面而不是光明面。

最後，還有一種慢性的憂鬱狀態，它如此隱蔽，一般不會給人憂鬱的印象。受它困擾的人可能在行為方面一切正常。他們會感到開心並暢快一時，但每天早上醒來，他們都要花數小時才能振作起來、重新投入生活，或者說，忍受生活。生活是一種重負，如此一成不變，他們幾乎感受不到它的價值，從而也不抱怨它，但他們的精神永遠處於低潮。

儘管絕望的源頭總是不被察覺，但絕望的感覺卻可以相當清晰地被察覺到。患者可能會有一種揮之不去的幻滅感。或者他會對生活採取一種聽天由命的態度，對好事不抱任何期待，認為生活只是一個必須忍受的過程。或

1 譯註：卡珊德拉（Cassandra），希臘神話中特洛伊的公主，阿波羅的女祭司。她被阿波羅賜予了預言能力，又因抗拒阿波羅，被詛咒無人相信她的預言。

者，他會以哲學化的術語來表達，說生活就其本質而言是悲劇性的，只有傻子才會在人類不可更改的命運面前自我欺騙。

在最初的面談中，分析師可能就已經對患者的絕望留有印象。患者不願意做出最小的犧牲，不願意忍受須臾不便，也不願意冒最輕微的風險，因而他看起來顯得太過任性。但事實上，既然他不想從犧牲中獲益，他也就找不到任何令他感興趣的理由讓自己做出犧牲。同樣的態度也會出現在分析場合之外。患者的處境令他失望透頂，但他卻蟄伏其中，不思變動。只要他有一點主動性，做一點努力，這個處境就會有所改善，但他的絕望使他徹底喪失了行動力，一般的困難對他來說就像是不可逾越的障礙。

有時候，一句偶然的言辭就會使絕望的心理狀態浮至表面。如果分析師說，這個問題還沒解決，它還需要更多的努力，患者可能就會問：「你不認為它沒有希望嗎？」當患者意識到自己的絕望時，他通常無法為此找到原因。他可能會將自己的絕望感歸因於各種外在因素，包括他的工作、婚姻，甚至政治形勢。但他的絕望與任何具體的、臨時的環境毫無關係。挖掘生活的意義，尋求快樂或自由，他對所有這一切都不抱希望。他總覺得自己被排除在令其生活充滿意義的一切因素之外。

或許索倫·齊克果已經提供了最為深刻的答案。他在《致死的疾病》中說，所有的絕望從根本上來說，都是對成為自己的絕望。[2]各個時代的哲學家都強調過「成為自己」的重要意義，以及無法實現這一目標所帶來的絕望。它同樣也是禪宗典籍的核心主題。現代思想家中我僅引用約翰·麥克莫瑞的一句話：「除了完全、徹底地成為我們自己，我們的存在還有什麼其他的意義呢？」[3]

• • •

絕望是未解決衝突的最終產物，它最深的根源在於，因無法始終保持內心的完整統一而感到絕望。這種心理狀態是由精神官能症障礙的不斷升級導

2 原註：索倫·齊克果，《致死的疾病》，參見第一章註釋。

3 原註：約翰·麥克莫瑞（John MacMurray），《理性與情感》（*Reason and Emotion*），阿普頓世紀出版公司，一九三八年。

致的。一開始，患者像小鳥陷入羅網一樣陷入衝突，而且毫無明顯能自我解脫的可能。接著，他試遍解決衝突的各種方法，但它們不僅毫無效果，反而還加深了患者與自身的疏離。重複的失敗體驗足以強化一個人的絕望——無論是因為精力一次次被分散在太多的目標上，還是因為創造過程中出現的困難足以令人望而卻步，從而放棄了進一步的追求，其結果都一樣——雖有才能卻從未獲得成功。這種情況也適用於一次又一次失敗的愛情、婚姻和友誼方面的體驗，這種重複的失敗令人沮喪。就像實驗室裡的小白鼠，它們出於條件反射，一次次跳進特定的通道以便獲取食物，但發現通道總是關閉的。

此外，的確有一種令人感到絕望的進取心，即試圖符合其理想化形象的進取心。很難說這種進取心是不是導致絕望的最強而有力的因素，但有一點毫無疑問，當患者在分析過程中察覺到他與自己想像中的那個獨一無二的完美者相去甚遠，他的絕望就會顯露無遺。他之所以會在此時感到絕望，不單是因為他對實現那個不切實際的目標感到絕望，更重要的原因還在於，這個認知激發了他根深蒂固的自卑，無論在愛情還是工作方面，他都不會再期望自己取得任何成功。

最後，精神官能症發展過程會促使患者的生命重心偏離自身，使他不再成為其生活的積極推進者，這些心理過程也會導致絕望。結果就是，他不僅對自己，而且對他作為一個人的自身發展都失去了信心，他很容易放棄。這種態度儘管不太引人注意，卻導致了非常嚴重的後果，足以稱為精神上的死亡。正如齊克果所言：

儘管他事實上身陷絕望……他依然可以活下去，就比如一個男人，他讓自己忙於各種俗務：結婚、成為孩子的父親、贏得榮譽和尊重——但或許沒有人發現，在更深層的意義上，他是沒有自我的。但俗世不會對這種事情大驚小怪，因為自我是俗世最不可能追究的問題。對一個男人來說，萬事中最危險的莫過於讓別人知道他有自我。遺失自我是最大的危險，卻被悄無聲息地忽視了；而其他任何東西的遺失必定會引起關注，比如失去一隻胳膊、一條腿、五塊錢、一位妻子等等。[4]

・・・

根據我在督導工作上的經驗，我知道分析師通常不會明確正視絕望這個問題。我的一些同事發現了患者的絕望，但沒有把它當作問題。他們因患者的絕望而感到不知所措，以至於他們自己都感到絕望了。這種態度對分析來說當然是致命的，儘管他的分析技巧很高超、工作也很努力，但患者仍然會感覺到：分析師事實上已經放棄他了。在分析場合之外，情況也是如此。無論是朋友還是伴侶，如果他不相信對方有實現自己潛力的可能，他就不可能為對方提供建設性的幫助。

我的同事有時也會犯截然相反的錯誤。他們嚴肅對待患者的絕望，覺得患者需要鼓勵，便給予他們鼓勵——這是值得誇讚的，但僅給予鼓勵是不夠

4 原註：索倫・齊克果，《致死的疾病》，參見第一章譯註。

的。在這種情況下，患者即便感激分析師的好意，但他也有理由對分析師感到惱火，因為他心知肚明，自己的絕望並不是單靠善意的鼓勵就能驅散的。

為了不畏困難直接面對問題，首先，分析師必須根據上文所描述的間接跡象來辨識患者的絕望感，以及這種感受的程度。然後，分析師必須明白，患者的絕望完全由他的精神官能症障礙導致。只要患者維持現狀、不肯改變，而且認為現狀是不可改變的，他的處境就是絕望的。分析師必須意識到這一點，並明確告訴患者。契訶夫（Антон Чехов）《櫻桃園》（вишнёвый сад）中的一幕鮮明地呈現了這種狀態：女地主一家瀕臨破產，他們一想到要被迫離開莊園和心愛的櫻桃園，心裡就充滿絕望。一位商人建議他們在莊園的部分土地上建些別墅出租。這個建議是合理的，但這家人思想保守，不贊同這個計畫，卻又別無他法，所以只能陷入絕望。他們對別人的建議置若罔聞，卻又無助地四處追問有沒有人能為他們提供建議或幫助。如果一位分析師前往提供建議，他可能就會說：「處境當然很困難。但讓處境變得毫無希望的，是你們自己面對困境的態度。如果你們能改變對生活的要求，那就沒有必要感到絕望了。」

一位治療師是否敢於處理問題，是否能為問題的解決帶來成功的機會，這取決於他是否相信患者確實能改變，即相信患者的確能夠解決自己的衝突。正是這一點顯示出我和佛洛伊德的差異。佛洛伊德的心理學及作為其學說之根基的哲學思想是悲觀的。他對人類未來的展望[5]，以及他對臨床治療的態度[6]都帶有明顯的悲觀色彩。人被本能驅動著，但尋求滿足的本能驅力不可避免地遭到社會的阻撓，最多只能透過「昇華」得到修正。人的「自我」無助地在本能驅力和「超我」之間來回顛簸。「超我」從根本上來說是令人生畏的、破壞性的，其本身也只是被改造的，真正的典範並不存在。自我實現的願望是「自戀的」，人就其本性而言是破壞性的，「死亡本能」迫使他要麼傷害別人，要麼承受痛苦。根據這種理論前提，佛洛伊德只能是悲觀的。佛洛伊德的思想沒有為「改變」這個積極態度留下任何容身之地，因

5 原註：西格蒙德・佛洛伊德，〈文明及其不滿〉（*Civilization and its Discontents*），刊於《國際精神分析文庫》（*International Psychoana-lytical Library*），第十七卷，李奧納多、伍爾夫編，一九三〇年。

6 原註：西格蒙德・佛洛伊德，〈有止盡與無止盡的分析〉（*Analysis Terminable and Interminable*），《國際精神分析雜誌》，一九三七年。

而限制了他本人開創的精神分析治療潛在的輝煌價值。相反地，我認為，精神官能症中的強迫性傾向不是本能的，而是由不健康的人際關係導致的。我相信，當不健康的人際關係得到改善，強迫性傾向是可以改變的，由類似原因導致的衝突肯定可以得到解決。但這並不意味著，以我倡導的原則為依據的治療沒有局限。想要明確界定這些局限，還需要做大量的工作。儘管如此，我們仍有充分的理由相信，徹底改變是可能的。

那麼，識別並處理患者的絕望為什麼那麼重要呢？首先，這個方法對處理憂鬱症和自殺傾向等具體問題是有價值的。的確，不觸及患者無處不在的絕望，而只揭露患者在某個時刻所陷入的特定衝突，患者具體的憂鬱症狀也能消除。但如果我們希望防止憂鬱症狀的復發，我們就必須處理絕望這個問題，因為它是滋生憂鬱症狀的更深源頭。只有致力於探索這個源頭，分析師才能應對隱蔽的慢性憂鬱。

同樣的情況也適用於自殺。我們知道，有些因素，諸如徹骨的絕望、激烈的反抗和強烈的報復心等，會引發自殺衝動。一旦自殺衝動已經顯露出來，想要阻止自殺常常就太晚了。密切關注不那麼引人注目的絕望跡象，在恰當的時候和患者一起著手處理這個問題，許多自殺可能就可以避免了。

更具普遍意義的是，患者的絕望對於任何嚴重精神官能症的治療都構成一種阻礙。佛洛伊德傾向於將阻礙患者進步的一切因素稱為抗拒（resistance）。但我們似乎無法如此看待絕望。在分析中，我們必須處理「阻礙和前行」、「抗拒與動機」這兩組對抗性力量。抗拒是對患者用於維持現狀的所有力量的總稱。相反地，他的動機則是敦促他追求內心自由的建設性力量。正是因為有了這種動機，我們才能工作，沒有它我們什麼都做不成。也正是動機這個力量幫助患者克服抗拒。動機讓患者產生豐富的自由聯想，因而為分析師提供了進一步瞭解患者的機會。動機給予患者一種內心力量，使他得以忍受不可避免的成長之痛。動機還使他有勇氣放棄帶給他安全感的態度，下定決心以一種全新的態度對待自己和他人，並願意為此承擔風險。

分析師無法強迫患者經歷這個過程；患者必須自願前往。絕望的狀態所遏制的正是「動機」這個寶貴的力量。因為沒能認知到並抓住動機這個力量，在與患者的精神官能症抗爭的戰場上，分析師失去了最好的同盟。

患者的絕望並不是靠單一的分析就能解決的。如果患者開始把絕望當作最終能獲得解決的問題，而不是沉溺於他認為不可更改的幻滅感，這就已經是一種實質性的收穫了。這個進階會讓患者獲得充分的自由，促使他繼續前行。當然，前進的道路上依然會有成功與挫敗。當他獲得某種有益的內心洞察時，他可能變得樂觀，甚至過分樂觀；而一旦接近更痛苦的內心覺察，他又會向自己的絕望屈服。每一次，對絕望的處理都必須從頭再來。但當患者認知到他的確可以改變，絕望感對患者的控制就會緩和下來，患者的動機則會相應地得到發展。在分析初期，患者的動機可能僅限於希望去除最令他不安的症狀，但隨著患者越來越意識到自己身上的桎梏，隨著他慢慢品嘗到自由的滋味，動機就會獲得更多的力量。

## NOTE

- 精神官能症患者期待：外部事物的改變會給他帶來一個更好的世界。但他總是不可避免地將自己及其精神官能症帶入每一個新的處境。
- 重新審視內心儘管令人痛苦，卻能提供解決方案，但患者對此感到灰心喪氣，因為他們不願意再次經歷解決問題的艱難過程。有時候，這看似是因為患者缺乏克服特定困難的勇氣，但實際上，他缺乏的是從克服困難中獲益的希望。
- 一位治療師是否敢於處理問題，是否能為問題的解決帶來成功的機會，這取決於他是否相信患者確實能改變，即相信患者的確能夠解決自己的衝突。
- 我認為，精神官能症中的強迫性傾向不是本能的，而是由不健康的人際關係導致的。我相信，當不健康的人際關係得到改善，強迫性傾向是可以改變的，由類似原因導致的衝突肯定可以得到解決。

# 第十二章 施虐傾向

當一個人對自己的生活感到徹底絕望，
將可能發展出顯著的施虐傾向

被絕望感控制的精神官能症患者，會設法以這樣或那樣的方式將生活「堅持」下去。如果精神官能症對他們的創造能力尚未造成太大的損害，他們完全有能力自覺調整，以順應個人生活的需要，同時還能將精力集中在某一領域，並且做得頗有成效。他們可能會投身社會、宗教活動，或加入組織機構的工作。他們的工作可能會很有價值。儘管他們對工作缺乏熱情，但他們「毫無私心」的事實，足以彌補這個缺陷。

有些精神官能症患者在自我調整以適應特定的生活模式時，他們可能不再對生活提出質疑，但也不再賦予生活太多意義，他們只是盡力履行自己的義務。約翰·馬昆德[1]在《時間緊迫》（*So Little Time*）中就描繪了這種生活。我認為，這也是埃里希·佛洛姆描述的類似於精神官能症的「缺失」狀態（defectcondition）[2]。同時，我認為「缺失」狀態正是精神官能症發展過程的產物。

另外，有些精神官能症患者可能會放棄所有嚴肅或有前途的追求，轉而遁入生活的周邊，試圖從邊緣化的生活中攫取零星的快樂，或者在自己的癖好和美食、宴飲、輕浮的兩性關係所帶來的短暫快樂中尋找人生的趣味。他們可能會隨波逐流，逐漸墮落，自暴自棄。他們不能勝任任何持久性的工作，卻沉湎於酗酒、賭博、賣淫。在《失落的週末》（*The Lost Weekend*）中，查理斯·傑克森[3]對酗酒的描述就展示了這種狀態的最終結局。這種無意識的自甘毀滅的決心，是否是造成某些慢性疾病（比如肺結核和癌症）的強有力的心理因素，對這個問題的考察將是非常有意義的。

1 譯註：約翰·馬昆德（John Marquand, 1893-1960），美國作家，普立茲獎得主。

2 原註：埃里希·佛洛姆，〈個體與精神官能症的社會起源〉（Individual and Social Origins of Neurosis），《美國社會學評論》（*American Sociological Review*），第九卷，第四期，一九四四年。

3 譯註：查理斯·傑克森（Charles Jackson, 1903-1968），美國作家。

最終，絕望的人可能會變得極具破壞性，但他同時又以一種替代性的方式生活著，以便獲得某種補償。在我看來，這就是施虐傾向的意義所在。

佛洛伊德認為，施虐傾向是一種本能。因此，精神分析的目標就主要集中在所謂的施虐變態行為上。日常人際關係中的施虐模式儘管沒被忽略，但也沒有得到嚴格的界定。所有獨斷專行或攻擊性行為，都被認為是對本能的施虐傾向的修正或昇華。例如：佛洛伊德就把對權力的追求看作施虐傾向的昇華。對權力的追求確實可以是施虐性的，但對視生活為戰爭的人來說，它只是一場為了生存而展開的鬥爭。事實上，它可能根本不是病態的。由於缺少明確的區分，我們既不能全面瞭解施虐態度的表現形式，也不能為施虐傾向確立精確的標準。因此，在很大程度上，我們只能憑個人直覺判斷，哪些行為可以被恰當地稱為施虐行為，哪些則不行。這種情況對深入觀察幾乎毫無裨益。

傷害他人的行為本身並不是施虐傾向的標誌。首先，人都可能陷入某種私人恩怨或普遍性的爭鬥，在爭鬥中，他可能不得不傷害他的對手，甚至還會傷害自己的夥伴。其次，對他人的敵意也可能只是一種創傷後壓力反應。一個人可能覺得被傷害了，或受到了驚嚇，因而想要反擊，但反擊的力量與客觀的觸發點之間並不相稱，但他本人卻主觀地認為兩者間是相符的。然而，人們在這個問題上很容易自我欺騙：當施虐者真的表現其施虐傾向時，他經常會宣稱自己的反應是合理的。儘管創傷後壓力性敵意與施虐傾向難以區分，但這並不意味著前者不存在。最後，在攻擊型人格看來，他實施的所有攻擊行為都是為了生存所做的鬥爭。我也不會將這些行為看作是施虐性；他人在鬥爭中可能會受到傷害，但這種傷害或損害是鬥爭無法避免的結果，而不是主要目的。簡言之，我所列舉的那些行為都是攻擊性的，甚至是充滿敵意的，但它們不是出於卑鄙的目的故意施加的，傷害者不會從這些傷害中獲得自覺或不自覺的滿足感。

作為比較，讓我們仔細考察某些典型的施虐態度。有些人會肆無忌憚地向他人表現出自己的施虐傾向，無論他們是否意識到自己有這種傾向。我們可以在這些人身上最充分地觀察到典型的施虐態度。在下文中，當我談及「施虐者」，我是指他對待他人的態度主要是施虐性的。

施虐者希望奴役他人或奴役特定的同伴。他的「受害人」必須是「超級奴隸」——不僅沒有願望、情感，或自己的主動權，而且也不會對主人提出任何要求。這種施虐傾向可以表現為塑造或訓練受害人，就像《賣花女》[4]中的希金斯教授塑造艾麗莎一樣。從最樂觀的角度看來，這種施虐方式也有一定的正面作用，類似於父母養育孩子，老師教育學生。偶爾，這種施虐方式的積極作用也會出現在兩性關係中，特別是當施虐方較其伴侶更成熟時。在同性戀關係中，如果一方是年長者，另一方是年輕人，那麼這種積極作用有時就很明顯。但即便如此，一旦受奴役方露出任何一點跡象，表明他想要獨自行動，或想要有自己的朋友和興趣，施虐者就會兇相畢露。施虐者雖然並不總是，但經常被一種充滿占有欲的嫉妒所困擾，並把這種占有欲用作折

4 編註：《賣花女》（*Pygmalion*），愛爾蘭劇作家蕭伯納的戲劇作品。

磨對方的工具。這種施虐關係的獨特之處在於，對施虐者而言，控制受害人比自己的生活更有吸引力。施虐者寧願忽略自己的事業，放棄與其他人聚會的樂趣和好處，也不允許他的同伴享有任何一點自主性。

施虐者奴役同伴的方法取決於雙方的人格結構，這些方法雖然極富特色，但也大同小異。施虐者的付出要剛好足以使同伴覺得：這個關係是值得維持的。施虐者會滿足同伴的某些需求，但從精神上來講，他的給予絕不會多於對方生存所需的最低標準。施虐者會讓同伴牢記，他的給予是獨一無二的。他會告訴同伴，沒有任何人像自己那樣理解並支持他，為他帶來那麼多的福利和性滿足；他還會打擊同伴，說事實上沒有任何人會像自己那樣忍受得了他；另外，施虐者還會向同伴勾勒美好的未來，以便蠱惑並控制同伴；他會含蓄地或直白地向同伴許諾愛、婚姻或更好的經濟狀況，或者答應更好地對待同伴；有時，他會強調自己離不開同伴，以此討好同伴。施虐者透過占有和貶損，將同伴從他人那裡孤立出來，從而使他採用的策略更容易生效。如果他已經使同伴足夠依賴他，他就會威脅著要離開對方。施虐者可能還會採用其他威脅手段，但這些手段各有其特點，我們將在其他語境中分別討論。當然，如果不考慮同伴的人格特徵，我們就無法理解這種關係裡到底發生了什麼事。施虐者的同伴經常屬於服從型人格，因而害怕遭到遺棄；他也可能是極度壓抑自己的施虐驅力因而顯得特別無助的人——就像下文即將說明的那樣。

在這種情境中建立起來的相互依賴，不僅讓被奴役方心生怨恨，奴役方同樣也會如此。如果奴役方具有明顯的迴避傾向，他就會覺得同伴汲取他太多的思想和精力，因而感到特別憤恨。事實上，這些束縛性紐帶是他自己建立的，但他無法意識到這一點，因而會譴責同伴太依附於他。在這種情況下，他抽身離開的想法一方面是威脅同伴的手段，另一方面也是在表達自己的恐懼和不滿。

不是所有施虐欲望都企圖奴役對方。就像演奏者操縱樂器一樣，施虐者可能透過操縱另一個人的感情來獲得滿足感。索倫・齊克果的小說《誘惑者的日記》（*Forforerens Dagbog*）就講述了這樣一個故事。一個男人對自己的生活一無所求，卻一味沉迷於引誘女人的遊戲。他知道什麼時候該表現得興趣盎然，什麼時候該冷若冰霜。他極度敏感地預測和觀察女孩對他的反應。他知道如何挑逗或遏制女孩的情欲。但他的敏感只集中在施虐遊戲的某些必要之物上，他毫不關心引誘遊戲會對女孩的生活造成怎樣的影響。齊克果小說中的引誘是自覺的、精明的計算，而現實中的類似操控經常是在無意識中進行的。但它們都是吸引與拒絕、陶醉與失望、榮幸與屈辱、歡樂與痛苦並存的感情遊戲。

施虐傾向的第三種特徵是剝削同伴。剝削並不必然是施虐行為，它可能僅被用來謀取利益。在施虐性剝削中，利益也可能是原因之一，但它通常只是一種錯覺，因為獲取的利益與投入的努力完全不成正比。對施虐者來說，剝削本身就是一種激情，重要的是體驗戰勝他人的快感。剝削特定的施虐色彩體現在它所採用的手段上。受虐者會直接或間接地被迫服從於不斷升級的要求，如果他沒有滿足這些要求，他就會被羞辱或產生罪惡感。施虐者總是感到不滿足，或覺得自己遭到了不公正的對待，並總能為這些感覺找到合理的解釋，以此為由提出更多的要求。易卜生的《海妲．蓋柏樂》（*Hedda Gabler*）就鮮明地闡釋了這個現象：海妲．蓋柏樂不斷向人提出要求，其目的經常只是傷害對方，或讓對方安於本分，而且她從來不會因要求得到滿足而心生感激。施虐者可能向對方提出物質和性方面的需求，也可能向對方索取事業上的幫助、特殊的照顧、絕對的忠實，以及無止境的容忍。就要求的內容而言，它們並沒有特別的施虐特徵。但施虐者期望同伴竭盡所能，為自己情感空洞的生活填充內容，這種期待證明，這些要求中存在施虐傾向。海妲．蓋柏樂不停地抱怨她感到無聊，她想要刺激和興奮，她的抱怨是這種期待的絕好例子。像吸血鬼一樣汲取他人的情感活力，並以此為生命來源，這種需求一般是無意識的，但很有可能，這種需求正是剝削欲望的根源，也正是這種需求導致了對他人的各種非分要求。

當我們認知到，剝削行為中還存在一種挫敗他人的傾向，剝削的性質就會變得更清晰。如果說施虐者從來不願意付出，這是錯誤的。在一定條件下，他們甚至可能是慷慨的。施虐狂的典型特徵並不在於拒絕付出的吝嗇，而在於雖無意識卻活躍地挫敗他人的衝動——敗他們的興致、滅他們的希望。同伴表現出任何一點滿足和快樂，都會激起施虐者的破壞欲，他們會不可遏制地用某種方式加以阻撓。

如果對方熱切地想見他，他便滿心慍怒；如果對方想要發生性關係，他便變得性冷淡或陽痿。他甚至不願做，或無法做出任何積極的行為。他身上發散出來的陰鬱使他像抑制劑一樣令人掃興。阿道司・赫胥黎（Aldous Huxley）曾這樣描述：「他什麼都不必做——他那樣就足夠了。他們受到了傳染，開始枯萎暗淡。」「多麼精緻的權力欲啊，多麼優雅的殘忍！那陰鬱像傳染源一樣，撲滅最高昂的情緒，扼殺任何一丁點可能的快樂。這是多麼令人驚異的天分啊！」[5]

和上述施虐傾向的特徵一樣重要的是，施虐者有蔑視和羞辱他人的嗜好。他非常熱衷於發現別人的弱點並指出來。他憑直覺就能發現別人在什麼地方比較敏感，哪裡會受傷。他會利用自己的直覺對他人進行無情的貶損。他可能自我辯解，說自己的行為是出於誠實，或為了幫助對方。他可能真的認為，自己對對方的能力或誠信的懷疑困擾著自己，但如果別人質問他的懷疑是出於真誠還是假意，他就會變得侷促不安。他的這種毛病也可能僅僅表現為一種猜疑。患者可能會說：「要是我能相信那個人就好了！」但在他的夢裡，對方要麼是像蟑螂要麼是像老鼠那樣令人噁心的東西，他又怎麼可能信任對方呢！換句話說，猜疑是他內心蔑視他人的結果。如果施虐者無法意識到自己的蔑視態度，他可能就只能意識到作為其結果的猜疑。因而，與其討論施虐者純粹的性格傾向，還不如討論他對吹毛求疵的酷愛更為恰當。他不僅把矛頭對準他人真實的缺點，還非常熟練地把自己的缺點外化，以便為

5 原註：阿道司·赫胥黎，《時間必須停止》（*Time Must Have a Stop*），哈珀兄弟出版社，一九四四年。

控訴他人積累更多的證據。比如，如果對方因他的所作所為感到不安，他會立即為對方的情緒不穩表示擔心或蔑視；如果在被他威脅之後，對方沒有完全向他袒露自己的情緒，他又會責備對方藏著掖著或撒謊；當他竭盡所能使對方依賴自己，他又會責怪對方依賴性太重。這種貶損不僅體現在言語上，還體現在各種輕蔑的行為上。侮辱性和貶損性的性行為就是其中的一種。

當**奴役**、**剝削**、**蔑視他人**和**玩弄他人**感情的驅力受到阻抑，或者局勢發生扭轉，施虐者感到自己被奴役、剝削或被輕視時，他就可能爆發出幾近瘋狂的憤怒。那麼，在他的想像中，任何折磨都不足以懲罰冒犯者。他對冒犯者又是踢，又是打，恨不得把對方撕成碎片。或者，他也可能壓抑這種憤怒，但內心壓力的增加，會引發劇烈的恐慌或某些功能性的軀體障礙。

• • •

那麼，施虐傾向的意義是什麼？是怎樣的內心需求迫使一個人表現得如此殘忍？有人認為，施虐傾向是性倒錯的表現形式，這個假設是沒有任何依據的。當然，施虐行為可以表現在性行為上。就此而言，它們並沒有超出常規，因為我們所有的性格態度都必定會在性領域有所體現，就像它們在我們的工作方式、步態和字跡上有所體現一樣。同樣地，在施虐過程中，許多行為都伴有一定程度的興奮，或者就像我反覆提及的，帶有一種令人迷醉的激情。然而，如果就此得出結論，說這些激動或興奮的情緒本質上都是與性相關的，因為所有興奮的本質上都與性相關，那可就錯了。從現象學的角度來看，施虐狂的興奮和性的放縱，在本質上是完全不同的。

還有一種觀點認為，施虐衝動是幼兒期傾向的持續發展。這種觀點具有一定的吸引力，因為處在幼兒期的孩子，經常會殘忍地對待動物或更小的孩子，而且顯然從中得到了某種快感。鑒於表面的相似性，人們可能會說，成年人的施虐傾向是孩童殘忍本性的改良版。但事實上，它不僅僅是改良的問題，成年施虐者的殘忍是不同的類型。正如我們所發現的，孩子的殘忍不加掩飾，它們不具有施虐者的殘忍所表現出的顯著特徵。當孩子感到被壓迫或被羞辱時，他會做出相對簡單的反應，比如透過報復更弱小者來捍衛自己的權利，這似乎就是孩子的殘忍。準確來說，施虐傾向更複雜，其發生的根源也更複雜。人們經常透過聯繫早期經歷來解釋某些行為為怪癖，同樣，人們把成年施虐者的殘忍看作幼兒期殘忍的延續，但這種做法仍然無法回答一個重要的問題：為什麼幼兒的殘忍會被堅持下來並得到發展？

上述兩種觀點都只關注施虐狂的單一面向——一種只關注性，另一種只關注殘忍——而且對這兩方面的特徵也未能做出解釋。埃里希．佛洛姆對施虐的解釋也具有同樣的缺陷[6]，但他的解釋比這兩種觀點更接近問題的本質。佛洛姆指出，施虐者並不想毀滅他所依附的同伴，而且，由於他無法自己生活，他只能利用同伴過一種共生性的生活。這顯然是正確的，但它仍然沒有充分解釋，為什麼一個人非要強迫性地去干預他人的生活，為什麼這種干預會以特定的形式表現出來。

6 原註：埃里希．佛洛姆，《逃避自由》（*Escape From Freedom*），法勒與萊因哈特出版公司，一九四一年。

如果我們把施虐狂當作一種精神官能症症狀，我們就必須一如既往，不要試圖從解釋症狀入手，而應從理解產生這種症狀的人格結構入手。從這個角度切入問題，我們就會發現，只有當一個人對自己的生活感到徹底絕望時，他才會發展出顯著的施虐傾向。早在我們能透過細緻的臨床檢查來發現這個潛在的心理條件之前，詩人們就憑直覺感受到了這一點。在海妲・蓋柏樂和誘惑者的例子中，他們顯然沒有能力從自身或他們的生活中獲取意義。在這種情況下，患者如果無法順應現實，他必然會充滿憤恨，他感到自己永遠被排斥，永遠被擊敗。

因此，他開始憎恨生活，以及生活中一切積極的因素，但他的憎恨中帶著強烈的**嫉妒**，因為他熱切渴望的東西終究不歸他所有，而且他覺得自己從未被生活眷顧過。尼采將這種心理狀態稱為「Lebensneid」，即「在嫉恨中生活」。他覺得別人都不像自己這般悲哀——「他們」圍桌而坐享用美食，而他卻饑腸轆轆；「他們」愛、創造、享受，感到健康和自在，有歸屬感。

他人的幸福和他們對快樂「天真的」期待激怒了他。如果他不能擁有幸福和自由，別人憑什麼能？用杜斯妥也夫斯基（Фёдор Достоевский）的《白癡》（Идиот）中的話來說：他不能寬恕別人的幸福，他必須踐踏別人的歡樂。那位罹患肺結核的教員直率地表達了這種態度：他往學生的三明治上吐唾沫，並為自己有力量摧毀他們而感到得意。這是一種有意識的報復性嫉妒。一般而言，施虐者挫敗或擊垮他人精神的傾向深埋於無意識之中，但他們的目的和那位教員的一樣邪惡——把自己的不幸分給別人；如果別人也像他一樣失敗和墮落，他自己的不幸就會減輕，因為他不再覺得自己是唯一遭受不幸的人了。

為了緩和這種啃齧人心的嫉妒，他還會採用「酸葡萄」策略。他爐火純青地玩弄這一策略，就連有經驗的觀察者也會被輕易騙過。事實上，他將自己的嫉妒深深隱藏起來，嫉妒的任何蛛絲馬跡都會遭到他無情的嘲弄。因此，他一再強調生活的陰暗面，認為生活是一種負擔，是痛苦的。這一方面是為了表達他自己的怨恨，另一方面也是為了向自己證明，他沒有錯過任何東西。他不停地挑剔和貶低，部分原因蓋出於此。比如，他會留意漂亮女人身材上不完美的部分，會在原本優秀的演講中挑出瑕疵；踏進任何房間，他的目光總會投向與整體不協調的色彩和傢俱。同樣地，他人生活中的錯誤、性格上的缺陷，或潛在的不良動機，都會在他的腦海中變得異常嚴重。如果他老於世故，他就會為自己的習慣辯解，說這是由於他對不完美太過敏感。但事實是，他的探照燈只對準那些負面因素，而置其他一切於黑暗之中。

儘管他成功地緩解了嫉妒、發洩了怨恨，但他貶低性的態度轉而引發了持續的失望和不滿。比如，如果他有孩子，他考慮的主要是孩子帶來的負擔和義務；如果他沒有孩子，他又覺得自己放棄了最重要的人生體驗。如果他沒有性生活，他會感到被剝奪了機會，並擔心禁欲的危險；如果他有性生活，他又覺得被這種關係羞辱了，並因它們而感到羞愧。如果他有機會旅行，他會因各種不便感到煩惱；如果他不能旅行，他又認為待在家裡是一件丟臉的事。**由於他沒有意識到自己習慣性不滿的根源在於自己，他就總是覺得是別人令他失望**，而自己有權讓他們記住這一點，而且認為自己有權對別人提出更高的要求。但即使別人滿足了這些要求，他也不會感到滿足。

• • •

苦澀的嫉妒，對貶抑的嗜好，隨之形成的不滿，這些在一定程度上解釋了施虐傾向的原因。我們現在理解了，為什麼施虐者會被驅使著挫敗他人，製造痛苦、吹毛求疵，永不饜足。但施虐者的破壞性究竟會發展到什麼程度？他傲慢的自以為是究竟意味著什麼？如果想要深入瞭解這些問題，我們就必須考慮，施虐者的絕望對他與自身的關係產生了怎樣的影響。

施虐者踐踏著人類體面的最基本要求，與此同時，他卻在內心懷有一個理想化形象，它有著特別崇高且嚴格的道德準則。我們曾經論及，有些患者因無法達到這些標準而深感絕望，只能有意或無意地決定破罐破摔。施虐者便是其中之一。他可能成功地「墮落」了，並沉湎於一種絕望的快感之中。他的理想化形象與真實自我之間的鴻溝因此變得不可逾越。他既無彌補之意，也無寬恕之心，他的絕望加重了，最終他蛻變成不計後果、肆意妄為之人。只要這種情況不變，他就不可能用積極的態度面對自己。如果分析師想以直截了當的方式促使患者積極面對，那他的努力註定要失敗，並且暴露出他對患者狀況的無知。

施虐者的自我嫌棄如此強烈，以至於他根本無法正視自己。他必須以現成的公正為盔甲，加固它，以此抵制這種自我嫌棄。輕微的批評、忽略，或沒有得到特定的讚賞，這些都被他當作不公正而嚴加排斥，因為它們會激起他的自卑。因此，他不得不將自己的自卑外化，對他人嚴加指責和羞辱。但這將他拋入了一種惡性循環。他越蔑視他人，他就越無法察覺到自己的自卑，他的自我貶低就會越強烈、越無情，他也就變得越絕望。由此可見，打擊別人只是一種自我保護。這種心理過程在先前引用的例子中已有解釋：一位患者責怪她丈夫優柔寡斷，那只是因為她對自己的優柔寡斷深感憤怒；當她認知到這一點時，她幾近發狂。

鑒於此，我們開始理解，蔑視他人對施虐者來說是必然的。而且，施虐者強迫性地，有時甚至是狂熱地想要改造他人，至少是改造伴侶。鑒於此，我們也可以發現這種欲望的內在邏輯。既然他無法達到自己理想化形象的標準，他的伴侶就必須達到。只要他的伴侶在這個目標上稍有失誤，他就會把無情的自我怨憤發洩到伴侶身上。他有時候可能也會自問：「為什麼我就不能不管她？」但只要內心衝突仍然存在且被外化，這種理性的思量就沒有效果。他通常會把施加在伴侶身上的壓力當作「愛」，或關心伴侶的「成長」，從而使它顯得合情合理。毋庸贅言，它不是愛。它也不是對伴侶成長的關心，因為一個人的發展應該是順應其內在規律的自我發展，而施虐者卻試圖強迫伴侶完成一件不可能的任務——實現施虐者本人的理想化形象。為了抵禦自卑，施虐者披上「自以為是」這個甲冑，這讓施虐者對自己改造他人的行為充滿自鳴得意的信心。

理解了這種內心掙扎，我們也就能更理解施虐者的**報復心**。報復心是潛藏於施虐症狀中另一個更具普遍性的因素，它經常像毒藥一樣從施虐者人格的每個細胞中滲出來。施虐者必定是報復性的，因為這樣他才能將自己強烈的自卑轉向外部世界。因為他的自以為是，令他無法察覺他對自己面臨的困難也負有責任，所以他必定會覺得自己才是那個被凌辱的受害者。因為他無法認知到他的絕望根植於他的內心，所以他必定會要求他人為此負責——他們毀了他的生活，他們必須補償，他們必須忍辱負重。與其他任何因素相比，這種報復心更有可能扼殺他內心所有的同情和寬容。為什麼他要同情那些毀了他生活的人？而且他們過得比他還好！在個別情況下，復仇的欲望可能是有意識的，比如涉及自己的父母時，他可能意識到自己的仇恨。但他無法意識到，報復心是一種普遍存在的性格傾向。

• • •

至此，我們已經發現，施虐者是一位自認為遭到排斥、命運悲慘，因而胡作非為的人，盲目的報復心，促使他將自己的滿腔怒火發洩在他人身上。而且，現在我們也知道，他力圖使他人不幸來緩和自己的不幸。但這些解釋仍然不全面。為什麼那麼多施虐性的追求會令人心醉神迷？單從破壞性方面著眼並不能解釋這個現象。對施虐者來說，一定存在某些更積極的、至關重要的好處。但這似乎與我提出的另一假設——施虐狂是絕望的產物——相互衝突。一個沒有希望的人，怎麼可能期待並追求某樣東西，而且還如此勞心費神？但事實是，從施虐者的立場來看，他可以收獲的東西是很多的。透過貶低他人，他不僅減輕了自身不堪忍受的自卑，還給自己帶來一種優越感。當他塑造他人的生活時，他不僅得到一種令人興奮的操控他人的權力感，還給自己的生活找到了一種替代性意義。當他剝削他人的情感時，他為自己提供了一種替代性的情感生活，從而減輕了自己內心的貧乏與空洞。當他戰勝他人時，他會因勝利而洋洋自得，從而減輕自己因挫敗而感到的絕望。對報復性快感的追求可能是他最強勁的動力。

施虐者所有的追求，都是為了滿足自己對刺激和興奮的渴望。一個人格健全的人是不需要這類刺激的，他越成熟，就越不喜歡這類刺激。但施虐者的情感生活是空洞的。他只能感受到憤怒和戰勝他人帶來的快感，除此之外的情感他都感受不到。他的生命已然枯萎，他需要這些強烈的刺激來讓自己感覺到活著。

最後一點也很重要，虐待他人給施虐者帶來一種力量感和自豪感，而這加強了他無意識中的全能感。在分析中，患者對自己施虐傾向的態度會經歷多次意味深長的變化。當他剛開始意識到自己的施虐傾向時，他可能對它們持批判性態度。但他含蓄的反對並不是真誠的；它更像是為了迎合公認的規則而做出的姿態。同時，他可能會斷斷續續表現出對自我的厭棄。但到了後期，當他快要放棄施虐性的生活方式時，他可能會突然覺得，自己即將失去某種寶貴的東西。因而，他可能第一次有意識地體驗到施虐帶來的快樂，因為施虐可以讓他對別人為所欲為。他唯恐分析會把他變成一個可鄙的怯懦者，並為此憂心忡忡。而且，就像分析中經常出現的那樣，患者是有理由產生這種擔憂的——一旦他喪失了要求他人滿足其情感需求的權力，他在自己的眼中就成了一個可憐而絕望的傢伙。遲早，他會意識到，他從施虐中獲得的力量感和自豪感只是可憐的替代品。只是因為他無法真正擁有力量，無法真正感到自豪，這些替代品對他才如此寶貴。

當我們瞭解了這些好處的本質時，我們就會發現，絕望之人也會瘋狂地追求某種東西，這個說法並不矛盾。但施虐者追求的並不是更大的自由，或更好的自我實現，他追求的只是替代品。構成其絕望的一切因素都沒有發生變化，而且他也不指望改變它們。

施虐意味著以攻擊性的方式，而且在極大程度上以破壞性的方式透過他人來生活。這種替代性生活使施虐者獲得某些情感上的收益。對一個徹底失敗的人來說，這是他生活下去的唯一方式。出於絕望，他在追求目標時才表現得不計後果。因為沒什麼可失去的，他才只想獲得。在這個意義上，施虐行為有著積極的目標，它是為尋求補償所做的努力。施虐者之所以如此熱情地追求這個目標，原因就在於：透過戰勝他人，施虐者能夠消除自己可憐兮兮的挫敗感。

• • •

但是，潛藏於施虐者追求中的破壞性因素依然存在，而且必然會對他本人產生不良後果。首先，它會加深自卑，對此我已做過論述。另一個不良後果同樣重要：它會引發焦慮。一方面，這是出於對報復的擔憂：他擔心他人會以其人之道還治其人之身。在意識之中，這與其說是擔憂，還不如說他想當然地認定：只要他人有機會，而他不嚴加防範的話，他人就會「給他不公正的待遇」。他必須時刻警惕，預測任何可能的攻擊，並先發制人。如果他能做到這些，他將是不可侵犯的。事實上，他無意識地確信，自己就是不可侵犯的。這個想當然的信念經常發揮著相當大的作用，給予他一種貴族般的安全感——他永遠不會被傷害、被揭露；他永遠不會發生意外或染上疾病；他甚至永遠不會死。即便如此，一旦他遭到來自他人或環境的傷害，他虛假的安全感就會分崩離析，而他就可能陷入劇烈的恐慌。

另外，他也擔心自己內心的破壞性因素隨時爆發，這也會引發焦慮。他覺得自己隨身攜帶著高電荷炸彈，他必須高度自控、時刻警惕，才能將這些危險的因素置於控制之下。當他喝酒時，因為酒精壯膽，他放鬆了警惕，破壞性因素便會浮出表面，他的破壞性就會猛烈地爆發出來。面對某些對他而言代表著誘惑的特定情境，破壞性衝動也有可能逼近意識。在左拉[7]的《人面獸心》（*La Bête humaine*）中，施虐者被一位女孩吸引，他因此感到驚慌失措，因為這激起了他殺死對方的衝動。親眼看見一場事故或任何冷酷的行

7 編註：左拉（Émile Zola, 1840-1902），十九世紀法國寫實主義作家。

為，也會引起施虐者的驚恐，因為它們激起了他自己的破壞性衝動。

這兩個因素——自卑和焦慮——是施虐衝動遭到壓抑的主要原因。壓抑的強烈程度和全面程度因人而異。通常，破壞性衝動不會被察覺。總體來說，施虐者在不自覺的情況下實施的施虐行為，其數量之多令人驚訝。得以進入施虐者意識層面的施虐衝動少之又少——他偶爾會產生虐待更弱小者的衝動，讀到有關施虐行為的內容時會感到興奮，或者有一些明顯的施虐幻想，但這些零星意識都是孤立的。施虐者日常中的大量施虐行為，其中大部分是他在無意識中實施的。導致這個現象的原因之一就是，無論對自己還是對他人，他都處於情感麻木的狀態，只有消除這種情感麻木，他才可能從情感上體驗他所做的一切。另外，用以掩蓋施虐傾向的種種理由通常非常巧妙，它們不僅足以欺騙施虐者本人，甚至還成功欺騙了遭受虐待的人。

我們必須記住，**施虐是嚴重的精神官能症發展的最後階段**。因此，施虐者如何為自己的施虐行為辯解，這取決於他特定的精神官能症結構。例如：

服從型人格的施虐者會在無意識的愛的藉口下奴役伴侶，他提出的所有要求都是為了滿足自己的特定需求：因為他感到如此無助、恐懼，或病得如此嚴重，伴侶就應該為他操勞；因為他不能獨處，伴侶就應該與他寸步不離。他會不自覺地表露是別人讓他遭受了巨大的痛苦，並以這種方式委婉地表達他的譴責。

攻擊型人格的施虐者對自己的施虐傾向毫不掩飾，但這並不意味著他更清晰地意識到了這種傾向。他直截了當地表達自己的不滿、輕蔑和要求，而且還感到他這樣做不僅完全正當，而且還是出於坦誠。他剝削他人，對他人缺少尊重，同時還將這個事實外化，義正辭嚴地指控他人利用自己，並以此威嚇他人。

迴避型人格在表現施虐傾向時異常隱蔽。他會對人忽冷忽熱，使人產生不安感。他會讓別人覺得，是他們束縛或打擾了他。他還會暗中以讓別人出洋相為樂。他透過這些方式悄無聲息地挫敗他人。

但是，施虐衝動可以被壓抑得更深，從而導致一種所謂的倒錯性施虐（inverted sadism）。在這種情況下，患者對自己的施虐衝動過於擔心，於是竭力防止衝動在自己或他人面前表現出來，當他在這方面矯枉過正時，倒錯性施虐就會發生。他會迴避任何類似斷言、侵犯或敵意的行為，其結果就是，他的施虐衝動從根本上被全面抑制了。

．．．

讓我們簡要地概述這個心理過程所包含的所有內容。與奴役他人相反的另一個極端是：沒有能力發出任何指令，更沒有能力承擔責任或擔任領導職務。它使人在施加影響或提供建議時過於謹慎，它甚至會壓抑最正當的嫉妒之情。一個善於觀察的人只會注意到，當事情不能如他所願時，他會出現頭疼、胃部不適或其他症狀。

與剝削他人相反的另一個極端是處處謙讓，具體表現為：不敢表達任何願望，甚至不敢心懷願望；遭受虐待也不敢反抗，甚至不敢認為自己遭到了虐待；經常把他人的期待或要求看得比自己的更合理、更重要；寧可被剝削，也不願維護自己的利益。這種人進退維谷。他既為自己剝削他人的衝動而感到害怕，又把自己的優柔寡斷看作懦弱的表現，並因此而鄙視自己。當他被剝削時——自然會發生的情形——他就會陷入不可調和的困境，並出現憂鬱或某種功能性症狀。

同樣地，與挫敗他人相反，他會過於渴望令他人滿意，過於體貼和慷慨。他會不遺餘力地消除任何可能傷害他人情感，或使他人蒙受羞辱的東西。他會憑直覺說一些「好聽」話，比如能夠提高他人自信的溢美之詞。他會不經思索就把過失攬在自己身上，並毫不吝嗇自己的歉意。如果他必須提出批評，他也會採用最溫和的形式。即使他人以極其惡劣的方式對待他，他也只是表示「理解」，但同時又深感痛苦，因為他對羞辱高度敏感。

施虐者還有玩弄他人感情的衝動，當這個衝動被深深壓抑時，他就可能走向另一個極端：認為自己沒有能力吸引任何人。因此他可能真的相信——儘管事實剛好相反——自己對異性毫無吸引力，他不得不滿足於和卑微小人為伴。在這種情況下，我們說患者有一種「自卑感」，等同於用另一個詞來談論患者所意識到的東西，而這可能只是他自我蔑視的一種表達。但與此相關的事實是，倒錯性施虐者認為自己毫無吸引力，可能只是一種不自覺的畏縮，因為征服與拒絕這個激動人心的遊戲對他既充滿誘惑，又令他感到害怕。在分析過程中，我們會逐漸發現，患者會不自覺地歪曲他戀愛關係的整個圖景。另外，我們還會發現一個奇怪的變化——「醜小鴨」開始意識到自己有吸引他人的欲望和能力，但一旦他人認真回應他的追求，他就會憤怒且輕蔑地拒絕他們。

由以上心理機制構成的人格圖景是具有欺騙性的，而且很難評估。它與服從型人格的相似性令人驚訝。事實是，明顯的施虐者一般屬於攻擊型人格，而倒錯性施虐者一般會逐步發展成以服從型傾向為主導的人格類型。他很有可能在童年遭遇過特別嚴重的打擊，他在高壓之下只能服從，因而不得不扭曲自己的情感，對壓迫者不是反抗而是愛。當他逐漸長大——大概在青春期，衝突變得不堪忍受時，他便採用疏離的姿態以求安寧。但當他面對失敗時，他無法忍受自己的孤獨狀態，便又回復到先前的依賴，但此時的依賴已不同於幼年時期的「服從」——他對愛的需求極度強烈，為了不再陷入孤獨，他願意付出任何代價。但同時，他獲得愛的機會減少了，因為他對疏離的需求依然存在，他依附他人的欲望時常遭到這個需求的干擾。他被這種衝突折磨得疲憊不堪，失去了希望，從而發展出施虐傾向。但他又仍然迫切需要他人，他便不得不壓抑自己的施虐傾向，而且還不得不矯枉過正地掩蓋這些傾向。

在這種情況下，與他人相處就是一種負擔——儘管他可能沒有意識到。他顯得不自然、羞澀。他必須時常扮演一個與他的施虐衝動相反的角色。當然，他自認為他對人的喜愛是真實的。當他在分析中開始瞭解到，他事實上對人毫無感情，或至少無法確定自己的感情是什麼時，他會大吃一驚。這時，他傾向於把這個明顯的感情缺失當作一個不可更改的事實。但事實上，他正處於放棄偽裝出積極情感的過程之中。因為不願面對自己的施虐衝動，他在無意識中寧可相信自己什麼也感覺不到。只有當他承認並開始克服自己的施虐衝動，他才有可能發展出對他人的積極情感。

對受過訓練的觀察者來說，這幅人格圖景中的某些因素暗示著施虐傾向的存在。首先，觀察者總能從倒錯性施虐者的某種隱蔽行為中發現，他在恐嚇、剝削和挫敗他人。他會認為他人的道德標準較低，並出於這一表層原因而蔑視他人。儘管他對自己的態度毫無意識，但對觀察者而言，這種蔑視他人的態度清晰可辨。另外，大量不協調的現象也證明施虐行為的存在。比如，他有時會以無限的耐心忍受別人對他的虐待，但有時又會對最輕微的支配、利用或羞辱表現出高度敏感。最後，他給人一種「受虐狂」的印象，即沉溺於受害的感覺。但「受虐狂」一詞及它所體現的觀念具有誤導性，因此最好還是避免使用這個術語，而只描述與「受虐」相關的因素。由於倒錯性施虐者維護自身權利的需求被全面抑制，他蒙受虐待的可能性就更大。同時他又為自己的軟弱感到惱火，所以他經常被公然的施虐者吸引，對他們愛恨交加——就像施虐者感覺到他是一位自願的受害者，從而也被他吸引一樣。如此，他把自己置於被剝削、被挫敗和被羞辱的境地。不過，他從受虐中得到的遠非快樂，而是痛苦。但他也從受虐中得到了一個機會——他得以替代性地透過別人實現自己的施虐衝動，而無須面對自己的施虐衝動。這樣，他就能覺得自己是無辜的，而且產生一種道德上的憤慨，同時，他也希望有一天，他能占據上風，戰勝他的同伴。

佛洛伊德注意到了我所描述的人格圖景，但他毫無根據的泛泛而談，讓他的觀察結果失去了價值。在佛洛伊德看來，一個人無論表面看來多麼善良，其內在都具有破壞性。為了證明這一觀點，他將其觀察結果當作證據，納入自己的整個思想框架。事實上，佛洛伊德所說的情況只是特定精神官能症的特定產物。

「施虐者」要麼被認為指性變態，要麼被當作一個巧妙的術語，用以指稱卑鄙、惡毒之人。與這兩種觀點相比，我們的研究已經取得了長足的進展。性變態相對來說很稀少。即使出現性變態，它也只是對待他人的一般態度之具體表現。「施虐者」的破壞性傾向是不可否認的；但如果我們理解這些傾向，我們就會在看似無人性的行為背後，發現一個遭受痛苦的人。理解這一點，我們才有可能透過治療接近這個人，我們將發現：一個被生活擊垮了的人，正在絕望中為其生命尋求補償。

**NOTE**

- 對施虐者來說，剝削本身就是一種激情，重要的是體驗戰勝他人的快感。
- 施虐者有蔑視和羞辱他人的嗜好。他非常熱衷於發現別人的弱點並指出來，他憑直覺就能發現別人在什麼地方比較敏感，哪裡會受傷。他會利用自己的直覺對他人進行無情的貶損。
- 施虐者所有的追求，都是為了滿足自己對刺激和興奮的渴望。一個人格健全的人是不需要這類刺激的，他越成熟，就越不喜歡這類刺激。但施虐者的情感生活是空洞的，他只能感受到憤怒和戰勝他人帶來的快感，除此之外的情感他都感受不到。他的生命已然枯萎，他需要這些強烈的刺激來讓自己感覺到活著。
- 「施虐者」的破壞性傾向是不可否認的，但如果我們理解這些傾向，我們就會在看似無人性的行為背後，發現一個遭受痛苦的人。理解這一點，我們才有可能透過治療接近這個人，我們將發現：一個被生活擊垮了的人，正在絕望中為其生命尋求補償。

# 結論　精神官能症衝突的解決

只要活著，我們所有人都持有改變的能力，甚至是發生根本性改變的能力

精神官能症衝突對人格造成的損害是無窮的，我們越是認知到這一點，徹底解決衝突的必要性就顯得越迫切。但我們已經知道，靠理性決策、逃避或意志力都無法解決這些衝突。怎麼辦？唯一的方法是，改變人格內部導致衝突的那些心理條件。只有這樣，衝突才能真正得以解決。

這個方法雖然徹底，卻很難。對我們內心的任何一點因素做出改變都是困難重重的。考慮到這一點，我們四處尋找捷徑也就情有可原了。或許也正因為這一點，患者——還有其他人——經常會問：發現了自己的基本焦慮是

否就足夠了？答案很明確：不夠。

即使分析師在分析初期就發現患者的分裂，並能夠幫助患者認知到這種分裂，這種心理洞察也不會帶來直接效益。患者開始看到自己困擾背後的具體原因，不再迷失在神秘的陰霾之中，這會給他帶來一定程度的安慰；但他還不能將自己的發現運用到生活中去。儘管患者察覺到自己內心的不同因素相互影響、相互干擾，但這並不能減輕他的分裂。患者對這些事實的反應，類似於他聽到一個陌生的消息。對他來說，這消息似乎可信，卻毫無意義。他在無意識中必定會對這個消息將信將疑，因而這個消息對他並不會產生什麼效用。他會不自覺地堅持認為，分析師誇大了他的衝突。他還會假設，如果不是因為外部原因，他會一切都好；愛情或成功能夠消除他的痛苦；他只要遠離人群就能避免衝突。他甚至自忖，對普通人來說一心不能兩用，但憑他無限的意志和超出常人的智慧，他完全能夠做到。他甚至會覺得（同樣是不自覺地）分析師是一個江湖騙子或好心腸的傻瓜，只是裝出一副職業性的樂觀，實際上知道患者已經無可救藥了。這些都意味著，患者是以自己的絕望來回應分析師的建議的。

這些心理上的保留態度表明，患者要麼固守自己消除衝突的特定方法——與衝突本身相比，這些方法對他來說真實得多；要麼對康復抱著徹底絕望的態度。因此，想要對基本焦慮進行有效的干預，我們必須先設法處理所有嘗試消除衝突的方法，以及它們導致的後果。

人們在尋找捷徑時還提出一個問題：如果相互衝突的驅力被識別出來，尋找它們的根源並聯繫童年的早期表現，這是否足以解決衝突？佛洛伊德對發生學的強調更增添了這一問題的分量。但我們的答案仍然是否定的。對早期經歷的記憶，即使是最詳盡的，也只能使患者以更仁慈、更寬容的態度對待自己，但它絕不能減輕當下的衝突給他帶來的困擾。

全面瞭解早期的環境影響，以及它們對兒童人格造成的改變，雖然沒有直接的治療價值，卻有助於我們對導致精神官能症衝突的基本心理條件的研究。[1]歸根結柢，一個人與自身及他人關係的改變才是其衝突產生的根源。我在先前出版的兩本書[2]以及這本書的最初幾章裡描述過這個過程。簡言之，孩子可能發現：他的處境威脅著自己的內心自由、自發性、安全感和自信心——總之，對他存在的精神核心構成威脅。他感到孤立、無助，因此，他與他人建立關係的最初嘗試不是出於他的真實感情，而是出於「策略性」的需求。他不能單純地喜歡或不喜歡、信任或不信任，他也不能表達自己的心願或抗拒他人的心願，他不得不無意識地想出對付和操縱他人的方法，從而將自己可能遭受的損害降到最低。以這種方式逐步形成的基本性格特徵可以概括為：與自身及他人的疏離、無助感、無處不在的憂慮，以及人際關係中充滿敵意的緊張——從一般的小心謹慎到明確的憎惡。

只要這些心理條件依然存在，精神官能症患者就不可能消除相互衝突的驅力。相反地，在精神官能症發展的過程中，導致衝突的內心需求甚至會變得更加迫切。虛假的解決方式加劇了他與自己及他人關係方面的障礙，這個

1 原註：眾所周知，這方面的知識也有非常重要的預防價值。如果我們知道哪些環境因素對孩子的發展有利，哪些因素阻礙孩子的發展，我們就能防止精神官能症在我們的後代中肆虐。

2 原註：卡倫．荷妮，《精神分析的新方向》，第八章；《自我分析》，第二章。

事實意味著：他越來越難找到真正的解決方法了。

因此，治療的唯一目標就是改變心理條件本身。精神官能症患者必須在幫助下重新找回自身，覺察自己真實的情感和需要，逐步建立自己的價值體系，並根據自己的情感和信念建立與他人的關係。假如我們能借助魔力，實現這個目標將是舉手之勞，我們甚至在消除衝突之時都無須觸及它。但魔力是不存在的，為了實現我們期望的變化，我們必須知道該採取哪些行動。

每一種精神官能症，不管其症狀多麼奇特，表面看起來又是多麼不具有個人特徵，它都屬於性格障礙，因此，治療的任務就是分析精神官能症的整個性格結構。我們對性格結構及其個體變異的界定越清晰，我們就越能精確地規劃該做的工作。如果我們把精神官能症看作圍繞基本焦慮而修建的防衛機制，那分析工作大致可以分成兩個部分：第一，詳細檢查患者試圖消除衝突而不自覺採用的方法，以及這些方法對他的整個人格造成的影響。這部分工作包括：研究患者的主導性人格態度、理想化形象、外化等防衛方式的含義，暫不考慮它們與基本焦慮的特定關係。有人認為，在基本焦慮尚未明朗之前，分析師無法理解並處理這些防衛方式。但這個假設會引起誤解。因為儘管這些防衛方式是為了調和衝突才發展起來的，但它們都擁有各自的特徵，發揮各自的影響，行使各自的權力。

分析工作的第二部分包括與衝突本身相關的所有工作。首先，這意味著要幫助患者瞭解衝突的概況，並幫助患者發現衝突的具體運作方式——換言之，在特定的情境中，患者互不相容的驅力，以及由此產生的態度如何相互干擾。比如，患者對服從的心理需求會阻礙他在遊戲中勝出，或在競爭性工作中出類拔萃，而且倒錯性施虐傾向還會強化這個心理需求；但患者又受制於戰勝他人的驅力，因此成功對他而言也是強迫性的需求。再比如，患者因各種原因形成禁欲思想，但他同時又渴望同情、愛，甚至自我放縱。其次，我們還必須告訴患者，他是如何在極端中來回穿梭的。比如，患者對自己會過於苛刻或過於仁慈。或者，患者一方面將自我要求外化至他人身上，施虐驅力或許還會加強這種外化；另一方面他又渴望成為一個無所不知的寬恕者，結果，在面對他人的行為時，他只能在譴責和寬恕中搖擺不定。或者，患者一會兒覺得自己獨攬大權，一會兒覺得自己毫無權力。

患者也可能嘗試著將自私和慷慨、征服與愛、控制與奉獻等相互衝突的因素結合起來，或令它們相互妥協。但這些嘗試是不可能成功的，分析的第二部分工作還應對此困境做出解釋：分析師應該幫助患者正確地認知到，他正是透過理想化形象、外化等方式掩蓋衝突，或讓衝突偷偷溜出他的意識，從而減輕衝突的破壞力。總之，分析工作必須讓患者徹底瞭解自己的衝突，包括衝突對他的人格造成的一般影響，以及衝突對他的症狀所應承擔的具體責任。

一般來說，在分析工作的每個環節，患者都會表現出不同的抗拒。在分析患者用以消除衝突的各種嘗試時，患者會全力為自己的態度和傾向中的內在主觀價值辯護，而且會堅決抗拒對它們真實性質的任何洞察。在分析患者的衝突時，患者最關注的是，證明自己的衝突根本不是衝突，從而淡化這一事實：他的具體驅力是真的互不相容。

• • •

至於應該按怎樣的順序處理這些問題，佛洛伊德的建議或許總是最重要的。他在精神分析中採用藥物治療所遵循的原則，並且強調，不管以什麼方法處理患者的障礙，都必須考慮以下兩點：一、分析應該是有療效的；二、分析應該無副作用。換句話說，分析師必須牢記兩個問題：患者在這個時刻能否承受特定的內心洞察？分析對患者來說有意義嗎？能幫助他以積極的方式思考嗎？但究竟什麼是患者能承受的，什麼能激發患者積極的內心洞察，我們還缺少具體的標準。由於不同患者的人格結構差異太大，分析的時機安排不可能遵照教條式的規定，但我們可以以此為指導原則，即只有當患者的態度已經發生特定的轉變，某些障礙才能得到有效的解決，而且不會帶來不必要的風險。以此為基礎，我們就能提出幾個普遍適用的步驟。

只要患者執著追求的幻影對他而言依然意味著拯救，要求他直接面對任何一種基本焦慮都是沒有意義的。患者必須首先認知到，這些追求都是無效的，而且妨礙了他的生活。簡要來說，想要解決衝突，就應該首先分析患者為試圖消除衝突而採用的方法。我並不是說要一絲不苟地避免涉及衝突。分析的謹慎程度，取決於整個精神官能症結構的脆弱程度。如果過早向患者挑明衝突，有些患者可能會因此陷入恐慌發作；而對另一些患者來說，這種做法毫無意義，衝突被一帶而過，不會給他留下任何印象。但從邏輯上來說，只要患者還依賴自己特定的解決方法，而且不自覺地依靠它們「勉強過活」，分析師就不能指望患者對自己的衝突抱有任何積極的興趣。

另一個需要謹慎提及的是理想化形象。如果我們在分析之初就著手處理理想化形象的某些方面，那將使我們離題太遠。但謹慎是明智的，因為理想化形象對患者來說是他唯一真實的部分。而且，理想化形象可能也是唯一能給患者帶來自尊、使他免於被自卑淹沒的防衛方式。患者必須首先獲得一定程度的現實力量，他才能承受自己的理想化形象被逐步拆毀。

在分析早期就致力於處理施虐傾向是肯定沒有療效的。部分原因在於，施虐傾向與理想化形象反差太大。即使在分析後期，對施虐傾向的覺察也經常會讓患者充滿恐懼和厭惡。只有當患者的絕望減輕，應變能力增強，對施虐傾向的分析才能開始。這樣做還有一個更重要的原因：如果患者仍然不自覺地堅信，替代性生活是他唯一能選擇的生活方式，他就不可能對克服自己的施虐傾向感興趣。

在具體應用中，分析的時機安排應根據特定的性格結構而定。比如，如果患者以攻擊性傾向為主——他蔑視感情，視感情為弱點，並對一切體現力量的事物大加讚賞，分析師就應該首先處理攻擊型態度及其含義。儘管對分析師來說，患者對親密關係的需求也是顯而易見的，但如果優先考慮這個需求，那就是一個錯誤。這樣的分析步驟會讓患者覺得自己的安全受到威脅，因而心懷怨恨。他會覺得自己應該保持警惕，防止分析師把他變成一個「好好先生」。只有當他更加堅強，他才能夠容忍自己服從和謙遜的性格傾向。對這種患者，分析師在一段時間內還必須避開絕望這個問題，因為患者可能會拒不承認自己有類似的感受。對他來說，絕望暗示著令人憎惡的自憐，也意味著公開承認自己的失敗，而這是可恥的。相反地，如果患者的人格結構以服從型傾向為主導，分析師就應該首先徹底分析與「迎合」他人相關的所有因素，然後再著手處理他的控制或報復傾向。另外，如果患者認為自己是偉大的天才或情聖，想要著手處理他對被蔑視和被拒絕的恐懼，這就完全是浪費時間，對他自卑傾向的處理則會更加無效。

有時，分析師在分析伊始所能處理的問題是非常有限的。當高度外化與頑固的自我理想化交織在一起時——一種不能接納任何缺點的態度——情況尤其如此。分析師如果透過某些徵兆發現這種情況，最好避免暗示患者（即使以最含蓄的方式）問題的根源就在他自己身上，否則只會浪費時間。不過，分析師在治療初期可以提及理想化形象的某些方面，比如患者對自己的過高要求等。

如果分析師熟知精神官能症人格類型的動力學，他就可以更快、更精確地掌握患者的自由聯想所想表達的內容，從而能更快、更精確地知道，在哪個時刻應該處理哪些問題。他能夠從看似微不足道的跡象中，設想並預測患者人格的某個方面，因此得以將自己的注意力集中在他密切關注的因素上。分析師的工作與內科醫生很像，當後者得知患者在夜間咳嗽、盜汗，傍晚感到疲勞，他就會考慮肺結核的可能性，並根據這一推測做相應的檢查。

比如，如果患者的言行舉止中充滿歉意，習慣讚美分析師，在自由聯想中表現出謙遜的傾向，分析師就會設想與「迎合」他人相關的所有因素。他會仔細觀察「服從」有沒有可能是患者的主導性態度。如果他找到更多的證據，他就會從每個可能的角度處理這個問題。同樣地，如果患者反覆談及令他感到羞辱的經歷，而且暗示心理分析也給他帶來同樣的感受，分析師就會知道，他必須處理患者對羞辱的恐懼。他會選擇在當時最易把握的恐懼之源作為分析物件，比如，如果患者理想化形象的某些部分已經被察覺到，分析師就能將患者的這種恐懼，與患者對自己理想化形象的確認聯繫起來。如果患者在分析場合表現出惰性，並談到幻滅感，那麼只要情況允許，分析師就必須處理患者的絕望。在分析初期，分析師能做的可能只是指出絕望的含義，即患者的自我放棄。然後，分析師會努力告訴患者，他的絕望並不是令人絕望的處境造成的，他的絕望本身就是問題，患者需要理解並最終解決這個問題。如果絕望出現在分析後期，分析師可能就會更為精確地把它與具體的絕望感聯繫起來，比如患者因無法擺脫衝突而深感絕望，或者患者因無法達到自己的理想化形象而感到絕望。

除了我推薦的步驟，以直覺的方式敏銳地把握患者身上正發生的一切，這對分析師來說依然是非常重要的方法。直覺和敏感，對分析師來說是兩種寶貴的甚至是不可或缺的能力，分析師應該盡其所能加以培養。但運用直覺並不意味著分析過程會被歸入「藝術」領域，或分析中僅運用常識就夠了。分析中的推論必須具有確鑿的科學性，分析師採用的分析方法也是準確、可靠的，因為它們都以精神官能症性格結構方面的知識為基礎。

儘管如此，鑒於不同個體在性格結構上的變化是無法窮盡的，分析師有時只能在試驗和錯誤中摸索著前行。我說的錯誤並不是指那些重大失誤，比如把不屬於患者的動機強加於他，或未能理解患者基本的精神官能症驅力。我所指的是一種常見的錯誤，即在患者尚未做好接受的準備之前就做出某些分析。重大失誤是可以避免的，分析為時過早這種錯誤卻是永遠不可避免的。但如果我們高度警惕患者對分析的反應，並以它為指引，我們就能更快地發現這種錯誤。在我看來，人們太過強調患者的「抗拒」，太過關注患者是接受還是反對一種分析，卻很少關注他的反應真正意味著什麼。這令人遺憾，因為正是這類反應的所有細節在暗示：患者準備好應對分析師指出的問題之前，他的哪些障礙尚待處理。

下面的例子具體說明了這個探索過程。一位患者認知到，在他的私人關係中，他對同伴提出的任何要求都表現出極大的煩躁，他甚至把最正當的請求看作強迫，把自己最應得的批評當作侮辱。與此同時，他又覺得自己有權要求對方完全忠誠，也有權坦率地表達批評。換句話說，他認知到，他把所有的特權都給予了自己，卻不讓同伴享有分毫。他越來越清醒地意識到，這種態度遲早會損害——即使不是摧毀——他的友誼和婚姻。到目前為止，他在分析工作中都表現得非常積極，而且富有成效。但是，在他意識到自己的態度帶來的後果後，分析就陷入了沉默。患者表現出輕微的憂鬱和焦慮。患者的確會浮現出一些自由聯想，但這些聯想都表現出很強的退縮意圖，幾個小時前，他還熱切地想要與一位女士建立良好關係，前後對照，反差鮮明。這種退縮的傾向表明，他不能忍受與人平等相處的想法，他理論上接受平權思想，在實踐中卻排斥它。憂鬱是他發現自己身處困境時的反應，而退縮的傾向則意味著他正試圖擺脫這個困境。當他認知到退縮解決不了問題，並且發現他除了改變自己的態度外別無他法，他才開始饒有興味地考慮，為什麼親密關係對他來說如此不可接受。隨後浮現的自由聯想表明，他在情緒上只能接受兩種權力模式——要麼擁有所有的權力，要麼沒有任何權力。他吐露了自己的擔憂：如果他讓出部分權力，他就只能服從別人的意願，再也不能按自己的想法行事了。這反過來揭開了他人格的另一層面——服從和謙遜的傾向。到目前為止，這兩種傾向雖被觸及，但從未得到全面深入的理解。出於種種原因，他形成了極強的服從性和依賴性，為了抵禦這些傾向，他不得不毫無保留地將所有權力據為己有。只要服從仍然是他迫切的內心需求，放棄防衛之舉，就意味著他作為個體將會完全喪失自我。在患者考慮改變自己武斷的行為方式之前，分析師必須先徹底解決他的服從傾向。

貫穿本書的討論表明，**從單一的角度永遠不能徹底解決某一種精神官能症障礙**，分析師必須從不同的角度反覆回到同一個問題。這是因為，任何一種態度都產生於多種源頭，並在精神官能症發展過程中發揮不同的作用。比如息事寧人和過分容忍，它最初出於對愛的病態需求，並且是這個需求的主要表現方式，因此，分析師必須同時處理患者的這種態度和他對愛的病態需求。但在討論患者的理想化形象時，對這個態度的細查又必須重新開始。在這種語境下，息事寧人的態度可被理解為患者理想自我的一種表現——他認為自己是聖人。而在討論患者的迴避傾向時，我們會發現，患者用這種態度來避免與他人發生摩擦。最後，當分析表明，患者不僅懼怕他人，而且還矯枉過正地抑制自己的施虐衝動，他息事寧人和過分寬容的態度，就帶有更加明顯的強迫性。再比如患者對壓力的敏感，起初，它可能被看作患者因迴避傾向而採用的防衛態度；然後，它又可被看作患者渴望權力的一種投射；最後，它或許可被看作患者的外化、內心的強迫，或其他傾向的表現。

• • •

隨著分析過程的進展，精神官能症態度或衝突逐漸變得明確、具體，但想要理解它們，則必須考慮它們與整個人格的關係。這就是所謂的「疏通工作」（working through）。它包括以下幾個步驟：一、幫助患者察覺特定傾向或衝突的所有顯在和隱蔽的表現；二、幫助患者認識特定傾向或衝突的強迫性特徵；三、促使患者充分認識特定傾向的主觀價值和不利後果。

當患者發現一種精神官能症傾向，為了迴避對它的檢視，他會立即提問：「它是怎麼形成的？」無論他是否意識到自己的做法，他都希望問題的歷史根源能解決問題本身。分析師必須阻止患者躲進歷史，他必須鼓勵患者首先仔細查看與問題相關的因素——也就是說，熟悉精神官能症傾向本身。

患者必須瞭解傾向的特定表現方式，他掩蓋傾向的手段，以及他對待傾向的態度。比如，如果患者對服從的恐懼已經很明顯，那他必須看到，他在多大程度上厭惡、懼怕和鄙視自己身上任何形式的謙遜。為了將所有可能的服從以及與服從傾向相關的一切因素排除在外，患者在無意識中抑制了它們，患者必須辨識出這些抑制。隨後，患者就能發現：看起來各不相同的態度是如何為同一目標服務的；他是如何讓自己的感知力變得遲鈍，以至於無法察覺他人的感情、欲望或反應；他是如何因麻木而變得極不體諒他人；他是如何扼殺了對他人的好感和被他人喜愛的欲望；他是如何貶低溫柔的情感和他人的善意；他是如何不假思索地拒絕任何請求；他如何覺得，在私人關係中自己完全有資格挑剔、苛刻、喜怒無常，而伴侶卻不可以。再比如，如果患者的全能感成為關注的焦點，那麼，患者僅承認自己有這種感覺是不夠的。患者必須認知到，他如何成天為自己指派根本無法完成的任務；他如何想像，他應該以最快的速度就一個複雜的問題寫一篇精妙絕倫的論文；他如何期待，在精疲力竭的時候他也能做到自然直率、才華橫溢；在分析中，他如何希望，他在發現問題的瞬間就能解決它。

其次，患者必須認知到，他的行為受特定傾向的驅使，與他的欲望或最高利益——經常與傾向相反——無關。他必須認知到，這些強迫是無差別的，它們通常不考慮實際情況。比如，無論對朋友還是敵人，患者吹毛求疵的態度都是一樣的。不管他的同伴表現如何，他都會嚴加訓斥：如果他的同伴和藹可親，他會懷疑對方是否因什麼事而感到內疚；如果同伴有自己的主張，他就覺得對方盛氣凌人；如果同伴屈服，他就覺得對方怯弱；如果同伴喜歡與自己相處，他就覺得對方太唾手可得了；如果同伴拒絕某些要求，他就覺得對方小氣……諸如此類。如果患者不確定自己是否被人需要、受人歡迎，那麼，即使事實完全相反，他的這種態度仍然不會改變。想要全面理解精神官能症傾向的強迫性特徵，我們還應該辨識強迫性驅力受挫後患者的反應。比如，如果患者顯露出來的傾向與他對愛的需求有關，患者就必須看到：他會因任何拒絕或友好程度降低的跡象感到失落和恐懼，不管這些跡象多麼細微，或那個人對他而言多麼不重要。

「疏通工作」的第一個步驟是向患者展示他的特定問題，第二個步驟則是讓患者牢記問題背後驅力的強度，這兩個步驟都能夠激起患者進一步細究的興趣。

在開始考察特定傾向的主觀價值時，患者經常會熱情地主動提供資訊。他可能會指出：他對權威或任何類似壓力的反抗與防備都是必需的，而且的確有救命的效果，因為如果他不這麼做，他可能就被專橫的父母扼殺了。他還會說，在他缺少自尊的情況下，優越感曾經幫助而且仍將幫助他維持下去；他的疏離和他「滿不在乎」的態度可以保護他免受傷害。的確，這些聯想是在防禦的心態下湧現出來的，但它們仍然具有啟迪作用。它們透露了患者首選某個特定態度的原因，從而向我們指明這個態度的歷史價值，據此，我們可以更切實地瞭解患者的成長情況。除此之外，它們還引導我們發現某個傾向在當下的作用。這些作用才是治療的主要興趣所在。任何精神官能症傾向或衝突都不僅僅是歷史遺物，就好像它是一個習慣，一旦形成了就會保持不變。我們可以確定，精神官能症傾向或衝突，都受制於當下性格結構中的迫切需要。瞭解某個精神官能症傾向的歷史根源僅具有次要的價值，因為，在當下發揮作用的驅力才是我們致力於改變的。

在很大程度上，任何精神官能症態度的主觀價值都在於：它能與另外某一種精神官能症傾向相抗衡。因此，充分瞭解這些價值可以引導我們處理具體障礙。比如，如果患者無法放棄自己的全能感，因為這種感覺允許他誤將自己的潛能當作現實、將宏偉的計畫當作真實的成就，那我們就應該明白，我們必須考察他生活在想像之中的程度有多高。如果患者允許我們發現，他以這種方式生活的目的是確保自己免於失敗，那我們就應關注，哪些因素導致患者不僅有失敗的預感，而且始終處於對失敗的恐懼之中。

**治療最重要的一步，就是幫助患者發現他成功防禦的負面作用**，即他精神官能症驅力和衝突的後果——能力的喪失。先前的分析步驟雖已部分涉及這個問題，但就像一幅畫的完美取決於它所有的細節，只有到了這一步，患者才會真正感受到改變的必要性。由於每個精神官能症患者都被驅使著維護現狀，為了克服這種阻力，他就需要強而有力的動機，而這種動機只能來自他對內心自由、幸福和成長的渴望，來自他對這個事實的清醒認知——每一種精神官能症障礙都會阻礙他實現自己的渴望。因此，如果他傾向於貶低性的自我批評，他就必須認知到這種傾向帶來的後果：它消解他的自尊，使他變得絕望；它使他備感無用，從而甘受虐待，而這又令他心生報復的惡念；它扼殺他的動機，削弱他的工作能力；為了避免陷入自卑的深淵，他被迫採用諸如自我誇耀、自我疏離和對自我不切實際的想像等防衛態度，而這又促使他的精神官能症持續發展。

同樣地，當特定的衝突在分析過程中變得清晰可見，分析師就必須幫助患者覺察這個衝突對他生活造成的影響。比如，如果出現謙遜退讓和求勝心切之間的衝突，患者就應該在幫助下，辨識出潛藏於倒錯性施虐行為中的所有束縛性抑制。患者必須認知到，他在他人面前一味謙遜退讓、卑躬屈膝，這既令他深感自卑，又使他對自己逢迎的人充滿憤怒。另外，他還必須認知到，他渴望戰勝他人，卻因這個企圖而憎惡自己，同時還擔心遭到報復。

有時，患者即便意識到所有的不利後果，也不願改變特定的精神官能症態度。患者在不知不覺中將問題擱置一邊，問題似乎淡出了他的視野，而他從中什麼也沒看到。患者其實已經認知到它給自己造成的所有傷害，鑒於這個事實，他缺乏回應的態度就值得注意。除非分析師異常機敏，能夠辨識出這種反應，否則，患者對改變缺乏興趣的這種現象可能還是會被忽略：患者提起另一個話題，分析師聽著，直到他們再次陷入同樣的僵局。可能在很長一段時間之後，分析師才開始意識到，患者身上發生的變化與他投入的大量工作之間並不相稱。

如果分析師能預料到患者時有這種反應，他就會自問：既然患者知道改變特定的精神官能症態度是必需的，因為它會帶來一連串有害的後果，那麼是什麼心理因素阻礙患者做出改變呢？這樣的心理因素通常是很多的，分析師只能逐步加以處理。患者可能仍因絕望而處於麻木狀態，無力考慮改變；也可能，患者想挫敗分析師，讓分析師出洋相，這種內心驅力遠遠強過患者對自己利益的考慮；也可能，他的外化傾向仍然過於強烈，這使他無法將內心洞察應用到自己身上，儘管他已經認知到這個傾向的後果；也可能，他對全能感的需求依然迫切。因此，即使他知道後果是不可避免的，但他仍然心存僥倖，認為自己能夠應對那些後果。也可能，他的理想化形象仍然非常頑固，他無法接納帶有精神官能症態度或衝突的自己，因此，他對自己充滿憤怒，同時堅信，他既然已經對具體的精神官能症障礙有所瞭解，他就能夠克服它們。認知到這些可能的心理因素是很重要的，因為正是這些因素阻礙了患者做出改變的動機。分析師要是忽略它們，就很容易變成休斯頓．彼得森[3]所說的「心理學狂人」（mania psychologica）——為心理學而心理學的人。幫助患者在這些心理狀況下接納真實的自己，這會給分析帶來獨特的收穫。儘管衝突本身尚未改變，但患者會感到極大的放鬆，並且開始流露出一些徵兆，表明他希望解開圍困他的心理之網。這種利於治療的良好條件一旦建立起來，改變很快就會發生。

無須贅言，上述觀點並不是有關分析技巧的專論。首先，我的論述沒有

3 譯註：休斯頓．彼得森（Houston Peterson, 1897-1981），美國哲學教授。

試圖囊括影響分析過程的所有惡劣因素和有利因素。比如，患者會將自己所有的防衛性和攻擊性特質帶進他與分析師的關係當中，從而阻礙或推進分析，對此我沒有加以討論，儘管這是一個非常重要的話題。其次，我所描述的步驟僅構成一些基本的分析過程，它們是揭示每個新的傾向或衝突的必經過程。通常，分析進程不可能按指定順序展開，因為對患者而言，即使某個障礙已經成為分析的焦點，他也可能無法觸及它。就像我們在前面那個患者獨攬權力的例子中所看到的，一個障礙可能只是揭露了另一個必須優先分析的障礙。只要每個步驟都逐步完成，順序是次要的。

分析工作會導致特定症狀的變化。很自然，這些變化會因所處理的障礙不同而各不相同。當患者認知到自己無意識的、無效的怒火及其背景時，他的恐慌可能會平息。當患者對自己的困境有所領悟，他低落的情緒可能會振奮起來。而且，每段成功的分析，都會在一定程度上改變患者對待他人和自己的態度。不管得到處理的具體障礙是什麼，這些變化都會發生。假設我們面對的是以下具體障礙：過分強調性、堅信自己的奇思異想就是現實本身、對壓力的高度敏感，我們將發現對它們的分析，會以極為相似的方式影響著患者的人格。無論這三種障礙中的哪一種得到分析，敵意、無助、恐懼，以及對自己和他人的疏離都會消失。

讓我們以自我疏離感的緩減為例。對過於強調性的患者來說，他只有在性體驗和性幻想中才感到自己充滿活力，他的成功與失敗都局限於性領域，他最看重的自身價值就是自己的性吸引力。只有當他對這個情況有所瞭解，他才會對生活的其他方面產生興趣，並因此重新發現自我。如果患者將現實等同於自己想像的投射和規劃，他就不再把自己視為一個行使職能的人。他既看不到自己的局限，也看不到自己的真實優點。透過分析，他不再誤把自己的潛力當作成就，他不僅能夠面對，而且能夠感受到真實的自己。對於對壓力高度敏感的患者來說，他早已忘卻自己的欲望和信念，他唯一能感受到的是他人對他的控制和強迫。透過分析，他開始知道自己真實的欲望，因而能夠為自己的目標而奮鬥。

在每次分析中，被壓抑的敵意都會湧現出來，使患者在這段時間內變得更加易怒——不管敵意屬於什麼類型，具有怎樣的起源。但每當一種精神官能症態度被放棄了，非理性的敵意就會減少一些。當患者不再一味外化，而是認知到他對困境也有應承擔的責任；或者當他變得不那麼脆弱、恐懼，不那麼依賴別人、不那麼苛刻，他的敵意就會減輕。

**敵意主要隨著無助感的降低而減輕**。患者變得越堅強，他就越不會覺得別人對他有威脅。他應該把各種改變當作汲取力量的源頭。他生命的重心，原來被轉移到他人身上，現在逐步回到自身，他感到自己更有活力，並開始建立自己的價值體系。他逐漸擁有更多可供支配的力量——原來用於壓抑部分自我的能量被釋放了；自卑、絕望，以及恐懼導致的麻木減輕了，他變得不再那麼拘謹；他不再盲目服從或反抗，或盲目發洩施虐衝動，他能夠做出理性的讓步，因而變得更加堅定。

儘管拆除已建立的心理防禦會在一定時期內激起焦慮，但每一步有療效的分析最終都一定會減輕這種焦慮，因為患者對他人和自己的恐懼減輕了。

這些變化會帶來整體的效果，即患者與他人、患者和自己的關係改善了。他不再那麼離群索居。在一定程度上，他變得更堅強，敵意也減輕了，他漸漸不再把他人視為需要反抗、操控或躲避的威脅。他有能力表達對他人的友善情感。當外化被清除，自卑消失之後，他與自身的關係也改善了。

如果我們仔細查看分析過程中發生的變化，我們就能發現：最初形成衝突的那些心理條件也會經歷類似的變化。在精神官能症發展過程中，所有壓力都會逐步加劇，而在分析治療過程中，壓力經歷的卻是相反的道路，它會逐步減輕。儘管感到無助、恐懼、孤立與敵意，人們依然不得不應對世界，精神官能症態度就源自這種必然性。但在分析過程中，精神官能症態度的意義會逐漸減弱，從而逐漸被拋棄。事實上，如果一個人有能力與他人平等相待，他怎麼會願意為了他憎恨的人或踐踏他的人抹除、犧牲自己呢？如果一個人有源自內心的安全感，而且能與他人一起生活、奮鬥，而無須時刻擔心喪失自我，他怎麼會無止境地渴望權力和認同呢？如果一個人能夠去愛，也不畏懼爭鬥，他又怎麼會焦慮地避免與他人交往呢？

•
•
•

分析工作需要時間。患者在衝突中陷得越深，設置的防衛機制越複雜，分析所需的時間就越長。所以很容易理解，為什麼人們需要一種短期的分析治療。看到更多的人從短期分析中獲益，我們應該感到高興。需要之際，有援手可依總比沒有來得強。但不同患者的精神官能症在嚴重程度上差異很大。輕微的精神官能症的確可以在相對短的時間內得到改善，有些短期心理治療的嘗試是大有可為的，但更多類似的嘗試卻以一廂情願為基礎，在治療過程中完全忽略了運行於精神官能症內部的強大驅力。面對嚴重的精神官能症，我們應該提高對精神官能症性格結構的認識，從而減少浪費在摸索分析之路上的時間。我相信，只有這樣才能縮短分析過程。

幸運的是，精神分析不是解決內心衝突的唯一途徑。生活本身依然是一位非常有效的分析師。形形色色的生活經驗生動有力，足以給人帶來人格上的改變。它可能是現實中的偉人、鼓舞人心的榜樣；也可能是一場普通的悲劇，它促使精神官能症患者與他人緊密聯繫在一起，從而幫他擺脫自我中心的孤立狀態；或者是一段志趣相投的人際交往，精神官能症患者在其中發現自己用不著控制或迴避他人。還有其他可能，比如：精神官能症行為造成的後果太過嚴重，或發生頻率太高，精神官能症患者對此印象太過深刻，反而使他變得不那麼膽怯，不那麼固執僵化。

然而，生活本身對治療的影響是不可控的。無論是磨難、友誼還是宗教體驗，它們都不能被人為安排以滿足特定個體的需要。生活是無情的分析師。**對一位精神官能症患者有幫助的環境，對另一位則可能是毀滅性的**。另外，正如我們所發現的：患者對自己病態行為之後果的認知能力，以及從這些後果中汲取教訓的能力都是非常有限的。如果患者已經獲得了從自己的經歷中汲取教訓這個能力，也就是說，當困境出現時，患者能夠仔細查看並瞭解自己應負的責任，並將這個心理洞察應用到自己的生活中，我們倒可以說，分析可以安然結束了。

瞭解了衝突在精神官能症中的作用，並認知到衝突是可以被解決的，我們就有必要重新定義分析治療的目標。儘管許多精神官能症障礙應歸入醫學領域，但僅從醫學角度定義分析治療的目標是不可行的。實際上，**身心失調導致的疾病，從本質上來說都是人格內部衝突的最終表現**，治療的目標必須從人格的角度加以塑造。

由此可見，分析治療的目標是多方面的。首先，患者必須獲得「為自己承擔責任的能力」，也就是說，他應該意識到，他是自己生活中積極可靠的力量，他能夠做決定並承擔後果。與之相應地，患者還必須接受對他人的責任——他應隨時準備承擔對孩子、父母、朋友、員工、同事、社區，乃至國家的義務，並堅信這些義務的價值。

與之密切相關的另一個目標是「實現內心的獨立」。完全蔑視他人的觀點和信仰，與全盤接受它們一樣，都與這個目標相去甚遠。首先，這個目標意味著，促使患者建立自己的價值排序，並將它運用到自己的現實生活中。其次，這個目標還意味著，促使患者尊重他人的個性和權利，並在此基礎上建立起真正的親密關係。這與真正的民主理想恰好一致。

治療的另一個目標可稱為「情感的自發性」，即無論愛或恨、幸福或悲傷、恐懼或渴望，情感都充滿活力，而且能被清晰地察覺到。情感的自發性包括表達情感和自發控制情感的能力。因為愛和友誼如此重要，此處我要特別提及這方面的能力。愛，既不是寄生性的依賴，也不是施虐性的控制，用約翰．麥克莫瑞的話來說，愛是「一種關係……除此之外沒有別的目的；我們在這種關係中攜手與共，分享經歷，相互理解，在共同生活、相互傾訴和袒露中尋找快樂和滿足，因為這些都是人的自然需求」。[4]

4 原註：約翰．麥克莫瑞，參見本書第十一章註釋。

追求內心的完整統一，即不偽裝，感情真摯，能夠全心全意地投入到自己的感情、工作和信仰中，這才是對治療目標最完全的表述。只有當衝突在一定程度上已經被解決，這個目標才有可能被接近。

這些目標並不是信手拈來的。它們正好與各時代智者所追求的理想相一致，這種巧合並非偶然，因為健康的心理正是以這些理想為基礎的。但它們並非因為這個原因才被當作有效的治療目標。精神官能症致病因素方面的知識，是這些目標構建的邏輯依據，因而這些目標有著自身的合理性。

我們之所以敢於提出如此遠大的目標，原因就在於：**我們相信人格是可以改變的**。並不只有兒童才具有可塑性。只要活著，我們所有人都持有改變的能力，甚至是發生根本性改變的能力。這個信念得到了經驗的證實。精神分析是帶來根本改變的最有效的方式之一。我們越瞭解精神官能症內部運作的力量，我們就越有可能實現自己渴望的改變。

無論分析師還是患者都不可能實現所有的目標。這些目標是我們追求的理想，其實際價值在於，它們為我們的治療和我們的生活提供指引。比如，如果我們不理解理想的含義，我們就可能會用新的理想化形象替代原來的理想化形象。另外，我們還必須認知到，將患者塑造成完人，這並不在分析師的能力範圍之內。分析師只能幫助患者，讓他們更為自由地努力接近這些理想，而這也意味著要給予患者成長和發展的機會。

## NOTE

- 治療的唯一目標就是改變心理條件本身。精神官能症患者必須在幫助下重新找回自身，察覺自己真實的情感和需要，逐步建立自己的價值體系，並根據自己的情感和信念建立與他人的關係。
- 瞭解某一精神官能症傾向的歷史根源僅具有次要的價值，因為，在當下發揮作用的驅力才是我們致力於改變的。
- 愛，既不是寄生性的依賴，也不是施虐性的控制，用約翰·麥克莫瑞的話來說，愛是「一種關係……除此之外沒有別的目的；我們在這種關係中攜手與共，分享經歷，相互理解，在共同生活、相互傾訴和袒露中尋找快樂和滿足，因為這些都是人的自然需求」。
- 追求內心的完整統一，即不偽裝，感情真摯，能夠全心全意地投入到自己的感情、工作和信仰中，這才是對治療目標最完全的表述。

國家圖書館出版品預行編目(CIP)資料

我們內心的衝突：愛恨、憂鬱、絕望、瘋狂……，解析內心矛盾、自我療癒的心靈自由解藥／卡倫・荷妮（Karen Horney）著；潘華琴譯．-- 初版．-- 新北市：方舟文化，遠足文化事業股份有限公司，2025.04
面；　公分．--（心靈方舟；62）

譯自：Our inner conflicts

ISBN 978-626-7596-64-7（平裝）

1.CST：精神分析學　2.CST：精神官能症　3.CST：心理治療

175.7　　114002011

方舟文化官方網站　　方舟文化讀者回函

心靈方舟 0062

# 我們內心的衝突

愛恨、憂鬱、絕望、瘋狂……，解析內心矛盾、自我療癒的心靈自由解藥

Our inner conflicts

作　　者　卡倫・荷妮（Karen Horney）
譯　　者　潘華琴

封面設計　井十二
內頁設計　莊恒蘭
資深主編　林雋昀
行　　銷　林舜婷
行銷經理　許文薰
特約主編　唐芩
總 編 輯　林淑雯

出 版 者　方舟文化／遠足文化事業股份有限公司
發　　行　遠足文化事業股份有限公司（讀書共和國出版集團）
231 新北市新店區民權路 108-2 號 9 樓
電話：（02）2218-1417　　傳真：（02）8667-1851
劃撥帳號：19504465　　戶名：遠足文化事業股份有限公司
客服專線：0800-221-029　　E-MAIL：service@bookrep.com.tw
網　　站　www.bookrep.com.tw
法律顧問　華洋法律事務所　蘇文生律師
定　　價　460 元
初版一刷　2025 年 4 月
I S B N　978-626-7596-64-7　書號 0AHT0062